하루 한 장

일상이 빛이 되는
영어 고전 필사 노트

하루 한 장

일상이 빛이 되는
영어 고전 필사 노트

용윤아 지음

somssi

들어가며

학창 시절에 읽었던 세계 문학 전집 시리즈는 꽤 재미있었지만, 당시에는 작품 속에 함축된 의미까지는 잘 알지 못했습니다. 고전은 읽는 것이 아니라 느끼는 것이고, 오롯이 몸과 생각에 아로새겨야 한다는 것도 알지 못했죠. 그러나 오랜 시간이 지난 후 다시 만난 고전은 다른 의미로 다가왔습니다. 인생의 무게가 더해진 후 만난 문장들은 더 이상 가볍지 않았고, 삶의 페이지마다 마음을 다잡는 지침이 되어 주었습니다. 쉽게 감정에 흔들리지 않고 살아갈 수 있는 원동력도 되어 주었죠.

기쁜 순간도 힘든 순간도, 책을 읽으며 하루하루를 버텨 냈습니다. 책 속의 문장들을 곱씹으면서 일기장에 이 문장들을 적으면 마음에 평화로움이 찾아듭니다. 그 문장들을 필사하고 밑줄을 그으며, 닮아 가기를 바랐습니다. 작가의 생각 속으로, 그들의 시대와 삶 속으로 시나브로 스며들기를 기도했습니다. 그렇게 적어 간 문장들이 제 삶에 점점 스며들어 인생의 한 축이 되었습니다.

　고전 속 이야기들은 흘러간 옛 노래처럼 떠내려가지 않고, 지금 우리 삶 속에서 함께 숨 쉬고 있습니다. 오래됐지만 새롭고, 낡은 것 같지만 녹슬지 않았습니다.

　"단어 하나하나가 깊이 새겨진다"는 셰익스피어의 말처럼, 작가의 문장은 우리 마음속에 하나하나 기록됩니다. 필사를 하며 문장의 구조와 어휘, 리듬 등을 세심하게 관찰하면 작품의 의도를 더욱더 이해하고, 작가가 전달하려는 의미를 깊게 느끼며 공감하게 됩니다. F. 스콧 피츠제럴드는 "작가는 자신의 시대를 필사하는 사람이다"라고 말했습니다. 그의 말을 생각하며 작품에서 묘사하는 시대의 상황 속에 나를 대입해 보면서 인생의 카타르시스를 느낍니다.

　고전 문학 필사 책인 『하루 한 장 일상이 빛이 되는 영어 고전 필사 노트』에서는 열 명의 작가들을 만나실 수 있습니다. 그들의 작품 속에서 여러분에게 다가오는 필사의 의미를 찾아보세요. 그들의 인생이 나에게 녹아들 때, 새로운 희망으로 차오를 날을 기다리며 오늘도 고전을 읽고, 필사를 합니다.

　　　"매일의 필사는 나 자신을 찾아가는 과정이며
　　　글을 쓰는 행위를 통해 진정한 나를 찾을 수 있다."

✲ 저는 이렇게 필사를 합니다

아침 일찍 눈을 뜨면 가장 먼저 무엇을 하시나요? 저는 가족들이 일어나기 30분 전에 먼저 일어나 나만의 시간을 준비합니다. 기지개를 켜고 따뜻한 물로 입을 헹군 후, 어스름히 떠오르는 일출을 보며 오늘도 멋진 하루가 시작되었다고 되뇌며 주문을 외워 보세요. 이제 가장 편안한 장소에 앉습니다. 부엌에 놓인 식탁도, 거실에 있는 작은 탁자도 좋습니다. 가장 좋아하는 펜과 노트를 준비해 보세요. 필사는 손으로 하는 것이기 때문에 내 손에 꼭 맞는, 내가 좋아하는 필기도구가 중요합니다. 하루에 필사할 분량을 정해 보세요.

『하루 한 장 일상이 빛이 되는 영어 고전 필사 노트』는 하루에 한 장씩 쓰도록 구성되어 있지만 그날그날의 분위기와 감정에 따라 더 쓸 수도, 덜 쓸 수도 있습니다. 정해진 틀은 없으니 마음 가는 대로 분량을 정해 보세요. 필사를 한 후 책을 덮지 말고, 오늘 쓴 문장을 소리 내어 읽어 보세요. 문장의 의미를 생각하고, 그 문장에 대한 느낌을 적어 봐도 좋습니다. 저는 필사를 한 후에는 꼭 제 생각을 기록합니다. 순간적으로 떠오르는 생각이나 감정들을 메모해 나가다 보면 내 마음을 들여다볼 수 있습니다. 매일 필사한 문장을 나만의 미디어에 기록해 보세요. 문장이 마음에 들었다면 책도 찾아서 읽어 보고, 서평도 적어 봅니다. 이렇듯 매일매일 꾸준함을 쌓아 보세요.

❊ 인생의 세 가지 중요한 테마

『하루 한 장 일상이 빛이 되는 영어 고전 필사 노트』에는 열세 작품에서 뽑은 100개의 문장들이 담겨 있습니다. 이 문장들은 세 가지 중요한 테마로 나눠 볼 수 있습니다. 사랑, 성장, 행복이 바로 그것입니다. 우리는 고전 문학 속에서 만나는 그 시대의 모습과 가치관을 지금의 우리 삶에 비추어 볼 수 있습니다. 결국 인생을 살아가는 모습은 예나 지금이나 비슷합니다. 사랑하는 사람들과 울고 웃으며 행복하게 일상을 살아가는 것, 자아가 성장하고 성찰하는 과정을 통해 아이에서 어른으로 자라나는 그 모든 순간이 인생입니다. 우리는 때로 다투기도 하고 화해도 하면서 살아갑니다. 지독한 첫사랑의 열병을 앓고, 미래에 대한 불안과 고민으로 밤을 지새우기도 합니다. 힘든 고비를 만날 때마다 버텨 내고 이겨 내며 한 뼘씩 발전하는 나를 만나기도 하죠. 행복은 멀리서 찾아야 하는 파랑새가 아니라 내가 서 있는 이곳에서 시작합니다. 일상을 지키는 일분일초가 모여서 우리네 삶을 풍요롭게 만들어 냅니다. 영어로 만나는 특별한 문장들 속에서 나만의 인생 문장을 찾아본다면 어떨까요? 내 삶을 구성할 지침을 발견하는 순간이 찾아올지도 모릅니다.

오늘도 내일도 '쓰며드는' 하루 보내세요.

차례

들어가며 ··· 4

일상이 아름다워지는 사랑
Love

제인 오스틴, 오만과 편견 ··· 13
F. 스콧 피츠제럴드, 위대한 개츠비 ··· 35
니코스 카잔차키스, 그리스인 조르바 ··· 57

일상이 풍요로워지는 성장
Growth

헤르만 헤세, 데미안 ··· 81
어니스트 헤밍웨이, 노인과 바다 ··· 103
루이자 메이 올컷, 작은 아씨들 ··· 125

일상이 소중해지는 행복
Happiness

찰스 디킨스, 크리스마스 캐럴 … **149**

샬럿 브론테, 제인 에어 … **171**

윌리엄 셰익스피어, 셰익스피어 4대 비극 … **193**

앙투안 드 생텍쥐페리, 인간의 대지 … **215**

마무리하며 … **236**

수록 작품 … **238**

일상이
아름다워지는
사랑
Love

"사랑은 삶의 의미를 찾는 것이며,
그것이 없으면 우리는 진정한 삶을 살 수 없다."
— 『그리스인 조르바 Zorba the Greek』

『오만과 편견』

Pride and Prejudice

제인 오스틴
Jane Austen

1775년부터 1817년까지 살았던 영국의 소설가로, 당시 시대를 배경으로 결혼과 사랑, 인간관계 등을 섬세한 문체로 묘사하며 위트 있는 전개를 펼쳐 현대 로맨스의 효시적인 작품들을 집필했습니다. 유일한 서간체 작품인 『레이디 수전』을 비롯해 『오만과 편견』, 『에마』, 『설득』, 『이성과 감성』 등의 작품을 통해 사랑과 사회적 기대 속에 살아가는 여성들의 삶을 조명했으며, 매력적인 캐릭터들이 나누는 재기 넘치는 대화, 많은 이들이 공감할 수 있는 보편적인 정서를 선보여 시대를 초월해 사랑과 존경을 받고 있습니다.

"Pride," observed Mary, who piqued herself upon the solidity of her reflections, "is a very common failing, I believe. By all that I have ever read, I am convinced that it is very common indeed; that human nature is particularly prone to it, and that there are very few of us who do not cherish a feeling of self-complacency on the score of some quality or other, real or imaginary. Vanity and pride are different things, though the words are often used synonymously. A person may be proud without being vain. Pride relates more to our opinion of ourselves, vanity to what we would have others think of us."

"오만이란 아주 흔한 결점이라고 할 수 있지." 견고한 사고를 꽤나 자랑스러워하는 메리가 입을 열었다. "지금까지 읽어 본 바에 의하면 오만은 정말 흔하고, 인간의 본성은 그쪽으로 치우치는 경향이 있어. 실제로 가지고 있건 상상 속에서만 존재하건, 자신이 가진 일부 자질을 자만하지 않는 사람은 거의 없거든. 허영과 오만은 종종 같은 의미로 사용되지만 실상은 전혀 달라. 허영심이 없는 사람도 오만할 수는 있어. 오만이 스스로에 대한 자아 판단이라면, 허영은 남이 나를 판단하는 것에 신경 쓰는 마음이니까."

Convince 납득시키다, 확신시키다, 설득하다 | Pique oneself upon ~을/를 자랑스러워하다 | Reflection 반영, 반사, 심사숙고 | Solidity 고체성, 견고함 | Vanity 허영 | Self-complacency 자기만족, 자아도취 | Synonymously 동의어로

『오만과 편견』

"No, indeed. I do not wish to avoid the walk. The distance is nothing when one has a motive; only three miles. I shall be back by dinner."

"I admire the activity of your benevolence," observed Mary, "but every impulse of feeling should be guided by reason; and, in my opinion, exertion should always be in proportion to what is required."

"아니에요. 정말 괜찮아요. 걷는 걸 좋아하거든요. 그럴 만한 이유가 있다면 거리는 문제되지 않아요. 겨우 5킬로미터도 안 되는걸요. 저녁 식사 시간 전까지는 돌아올게요."

메리가 한마디 거들었다. "언니의 자비로운 마음은 존경스럽지만, 모든 충동적인 감정에는 이성적인 사고가 필요해. 그리고 노력은 상황이 요구하는 만큼만 들여야 한다고 봐."

Motive 동기 | Benevolence 자선, 선의 | Exertion 노력, 수고 | Proportion 비율, 비례 | Require 필요하다, 요구하다

『오만과 편견』

"I wish Jane success with all my heart; and if she were married to him tomorrow, I should think she had as good a chance of happiness as if she were to be studying his character for a twelve month. Happiness in marriage is entirely a matter of chance. If the dispositions of the parties are ever so well known to each other or ever so similar beforehand, it does not advance their felicity in the least. They always continue to grow sufficiently unlike afterwards to have their share of vexation; and it is better to know as little as possible of the defects of the person with whom you are to pass your life."

"나는 온 마음을 다해 제인이 잘되기를 바라. 제인이 내일 당장 결혼하든 1년 내내 그의 성격을 연구했든, 행복한 결혼 생활을 할 확률은 비슷하다고 생각해. 결혼 생활의 행복은 온전히 운에 달려 있거든. 서로의 성향을 너무 잘 알거나 결혼 전까지는 닮았다고 생각했더라도, 그들의 행복감이 더 커지지는 않아. 결혼 생활을 하다 보면 사람은 변하는 부분이 있기 마련이고, 나중에는 서로 짜증을 낼 수도 있어. 그러니까 인생을 함께할 사람의 결점에 대해서는 다 알려고 하지 않는 편이 좋아."

Disposition 성향, 기질 | Well-known 잘 알려진 | Beforehand 미리, 사전에 | Felicity 더할 나위 없는 행복, 절묘한 어울림 | Vexation 짜증, 화남 | Defect 결함, 결점 | Not~in the least 조금도 ~않다, 전혀 | Sufficiently 충분하게

『오만과 편견』

"I am far from attributing any part of Mr. Bingley's conduct to design," said Elizabeth; "but without scheming to do wrong, or to make others unhappy, there may be error, and there may be misery. Thoughtlessness, want of attention to other people's feeling, and want of resolution, will do the business."

"나도 빙리 씨의 행동이 의도적이었다고 생각하진 않아." 엘리자베스가 말했다. "하지만 나쁜 음모를 꾸미거나 누군가를 불행하게 할 마음이 없었어도 실수할 수 있고, 고통을 줄 수도 있어. 타인의 감정을 고려치 않은 무신경함이라든지 결단력 없는 태도를 보일 때처럼 말이지."

Attribute 속성, 특성, ~의 결과로 보다, ~의 책임으로 보다 | Scheming 음모를 꾸미는, 계획하는 | Misery 고통, 빈곤 | Thoughtlessness 무심함, 경솔함 Attention 주의, 집중 | Resolution 결단, 결의

『오만과 편견』

When they ascended the steps to the hall, Maria's alarm was every moment increasing, and even Sir William did not look perfectly calm. Elizabeth's courage did not fail her. She had heard nothing of Lady Catherine that spoke of her as awful from any extraordinary talents or miraculous virtue, and the mere stateliness of money or rank she thought she could witness without trepidation.

현관을 향해 계단을 오르는 순간마다 마리아의 불안감은 커져 갔고 심지어 윌리엄 경조차 차분한 상태로 보이지 않았지만, 엘리자베스는 용기를 잃지 않았다. 캐서린 부인이 그녀에게 존경심을 불러일으킬 만큼 대단한 재능을 지녔거나 놀랄 만한 미덕의 소유자라는 얘기는 들은 바가 없었다. 단지 재산의 규모와 신분이 높아서 나오는 위엄이라면 전혀 두려워할 일이 아니라고 생각했다.

Ascend 오르다, 올라가다 | Alarm 불안, 경고, 경보(음) | Extraordinary 비범한, 특별한 | Miraculous 기적적인 | Virtue 미덕, 선행 | Stateliness 위엄, 품위 | Witness 목격자, 증인 | Trepidation 두려움, 불안

『오만과 편견』

"In marrying your nephew, I should not consider myself as quitting that sphere. He is a gentleman; I am a gentleman's daughter; so far we are equal."

"영부인의 조카분과 결혼한다고 해서 제가 자란 세상을 버린다고 생각하지는 않습니다. 다아시 씨는 신사이고, 저도 신사의 딸이니까요. 그 점에서 우리 두 사람은 동등한 위치에 있습니다."

Consider 고려하다, 숙고하다, ~을/를 ~로 여기다 | Quit 그만두다, 떠나다 | Sphere 구(球), (활동, 영향, 관심 등의) 영역 | Equal 동등한, 똑같은

『오만과 편견』

"And I certainly never shall give it. I am not to be intimidated into anything so wholly unreasonable. Your ladyship wants Mr. Darcy to marry your daughter; but would my giving you the wished—for promise make their marriage at all more probable? Supposing him to be attached to me, would my refusing to accept his hand make him wish to bestow it on his cousin? Allow me to say, Lady Catherine, that the arguments with which you have supported this extraordinary application have been as frivolous as the application was ill—judged. You have widely mistaken my character, if you think I can be worked on by such persuasions as these. How far your nephew might approve of your interference in his affairs, I cannot tell; but you have certainly no right to concern yourself in mine. I must beg, therefore, to be importuned no farther on the subject."

"분명히 말씀드리지만 저는 그런 확답을 드릴 수 없습니다. 저는 상대방이 위협한다고 해서 이치에 맞지 않는 일을 하는 사람이 아니에요. 부인께서는 다아시 씨가 따님과 결혼하기를 원하시지만, 제가 부인께서 원하시는 약속을 해 드린다고 두 사람이 결혼할 가능성이 높아질까요? 그분이 저를 사랑한다면 제가 청혼을 거절한다고 해서 따님에게 구혼하려 할까요? 캐서린 영부인, 감히 말씀드리지만 부인의 이런 터무니없는 요청은 분별력이 없고, 그 논리마저 빈약합니다. 제가 이 정도의 언사에 설득될 것이라고 생각하셨다면 저를 너무나 잘못 보셨습니다. 부인이 조카분의 일에 끼어드는 것을 그분이 어떻게 생각할지는 모르겠지만, 제 일에 관여하실 권리는 분명히 없습니다. 그러니 이 문제로 더 이상 저를 성가시게 하지는 말아 주세요."

Intimidated 위협을 느끼는 | **Unreasonable** 비합리적인 | **Probable** 그럴듯한, 가능성이 있는 | **Bestow** 수여하다, 부여하다 | **Argument** 주장, 논쟁 | **Application** 신청, 적용 | **Frivolous** 경박한, 경솔한 | **Ill-judged** 잘못 판단된 | **Persuasion** 설득 | **Approve** 승인하다, 찬성하다 | **Interfere** 간섭하다, 방해하다 | **Importune** 성가시게 조르다

『오만과 편견』

"Lady Catherine, I have nothing further to say. You know my sentiments."

"You are then resolved to have him?"

"I have said no such thing. I am only resolved to act in that manner, which will, in my own opinion, constitute my happiness, without reference to you, or to any person so wholly unconnected with me."

"캐서린 부인, 더 이상 드릴 말씀이 없군요. 제 감정은 이미 알고 계시잖아요."
"그렇다면 내 조카를 차지하기로 마음먹은 것인가?"
"그런 말씀은 드린 적이 없습니다. 저는 다만 스스로 판단해서 부인이든 누구든 저와 아무 상관 없는 사람의 의견에 흔들리지 않고, 제 자신이 행복해지는 쪽으로 행동할 생각입니다."

Sentiment 감정, 정서 | Resolved 결심한, 해결된 | Opinion 의견, 견해 | Constitute 구성하다, 이루다 | Wholly 완전히, 전적으로 | Unconnected 연관이 없는, 무관한

『오만과 편견』

Miss Bennet paused a little, and then replied. "Surely there can be no occasion for exposing him so dreadfully. What is your opinion?"
"That it ought not to be attempted. Mr. Darcy has not authorised me to make his communication public. On the contrary, every particular relative to his sister was meant to be kept as much as possible to myself; and if I endeavour to undeceive people as to the rest of his conduct, who will believe me? (…) Some time hence it will be all found out, and then we may laugh at their stupidity in not knowing it before. At present I will say nothing about it."
"You are quite right. To have his errors made public might ruin him for ever. He is now, perhaps, sorry for what he has done, and anxious to re-establish a character. We must not make him desperate."

잠시 생각하던 제인은 이렇게 대답했다. "위컴의 실체를 그렇게 적나라하게 폭로할 필요가 있을까? 리지 네 의견은 어때?"
"나도 그럴 필요는 없다고 봐. 다아시 씨가 나에게 자신의 얘기를 공개할 권한을 준 건 아니니까. 오히려 여동생과 관련된 이야기는 나만 알고 있었으면 하고 바라거든. 여동생 사건을 빼고 나머지 이야기만 하면 사람들이 과연 믿어 줄까? (…) 언젠가는 모든 진실이 드러날 테고, 그때가 되면 우리는 미처 알아차리지 못한 사람들의 어리석음을 비웃을 수도 있겠지. 지금은 말을 아낄 거야."
"네 말이 옳아. 잘못을 공공연하게 밝히면 그 사람을 영원히 파멸시킬 수도 있어. 그 사람도 어쩌면 지금은 과거의 행동을 뼈저리게 후회하고 새로운 사람이 되려고 할 수도 있고, 그런 사람을 더 절망에 빠트려서는 안 되지."

Occasion 경우, 기회 | Dreadfully 무섭게, 아주 | Authorised 허가된, 권한이 있는 | Endeavour 노력하다, 시도하다 | Undeceive 오해를 풀다, 진실을 알리다 | Stupidity 어리석음 (동의어) Foolishness | Anxious 불안한, 걱정하는 | Desperate 절망적인, 필사적인

『오만과 편견』

"Lizzy," said her father, "I have given him my consent. He is the kind of man, indeed, to whom I should never dare refuse anything, which he condescended to ask. I now give it to you, if you are resolved on having him. But let me advise you to think better of it. I know your disposition. Lizzy, I know that you could be neither happy nor respectable, unless you truly esteemed your husband; unless you looked up to him as a superior. Your lively talents would place you in the greatest danger in an unequal marriage. You could scarcely escape discredit and misery. My child, let me not have the grief of seeing you unable to respect your partner in life. You know not what you are about."

"리지야." 그녀의 아버지가 말했다. "나는 승낙했다. 그 사람은 차마 부탁을 거절할 수 없는 그런 부류의 사람이더구나. 그리고 네가 그를 선택하기로 결심했다면 너에게도 승낙을 하마. 하지만 좀 더 신중하게 생각해 보라고 권하고 싶구나. 아버지는 리지 너의 기질을 잘 알지, 너는 남편이 되는 사람을 진심으로 존경할 수 없다면 행복할 수도, 품위 있게 살 수도 없는 사람이야. 너는 아주 총명하기 때문에 안 어울리는 결혼을 했다가는 여간 위험하지 않을 게다. 불명예와 고통을 피할 수도 없고 말이야. 얘야, 인생의 반려자를 존경하지 못하는 모습을 보인다면 이 아버지는 너무나 슬플 것 같구나. 네가 뭘 하려고 하는지는 알고 있는 거니?"

Consent 동의, 허락, 합의 | Condescend 잘난 척하다, 겸손한 척하다 | Respectable 존경할 만한, 품위 있는 | Esteem 존경, 존중 | Disposition 타고난 기질, 성격 | Discredit 불명예, 존경심을 떨어트리다

『오만과 편견』

『위대한 개츠비』
The Great Gatsby

F. 스콧 피츠제럴드
F. Scott Fitzgerald

1896년에 태어난 미국 작가로, 소설 『위대한 개츠비』로 잘 알려져 있습니다. 부, 사랑, 그리고 아메리칸드림이라는 주제를 탐구하였으며, 그의 이야기에 등장하는 인물들은 화려하지만 가끔은 비극적인 삶을 겪습니다. 피츠제럴드의 작품은 변화하는 시대의 가치관과 사회적 역학을 반영하고 있다고 평가받습니다. 개인적으로는 고통스러운 삶을 살았지만, 생생한 묘사와 인간 본성에 대한 통찰을 담은 그의 글은 시간을 초월해 널리 사랑받고 있습니다.

In my younger and more vulnerable years my father gave me some advice that I've been turning over in my mind ever since.

"Whenever you feel like criticizing anyone," he told me, "Just remember that all the people in this world haven't had the advantages that you've had."

He didn't say any more, but we've always been unusually communicative in a reserved way, and I understood that he meant a great deal more than that.

어린 시절 지금보다 훨씬 섬세하고 상처받기 쉬운 아이였던 나에게 아버지는 몇 가지 충고를 해 주셨고, 난 항상 마음속에 그 말을 담아 두고 있다.

"누군가를 비판하고 싶어질 때마다 이 말을 기억하렴. 세상의 다른 사람들이 너처럼 유리한 입장이 아니란 사실을 말이다."

아버지는 그 이상 말씀을 하진 않으셨지만, 우리는 항상 우리만의 방식으로 대화를 나누어 왔기 때문에 아버지의 말씀에 단순한 말 이상의 무언가가 더 있다는 것을 이해할 수 있었다.

Vulnerable 취약한, 상처받기 쉬운 | Criticize 비판하다, 비평하다 | Unusually 특이하게, 드물게, 흔치 않게, 평소와 다르게 | Communicative 의사소통을 잘하는, 말이 많은

『위대한 개츠비』

Reserving judgments is a matter of infinite hope. I am still a little afraid of missing something if I forget that, as my father snobbishly suggested, and I snobbishly repeat, a sense of the fundamental decencies is parcelled out unequally at birth.

판단을 유보한다는 것은 인간에 대한 무한한 희망을 가질 때 가능한 일이다. 난 여전히 내가 무언가 중요한 것을 잊지는 않을까 걱정스럽다. 아버지가 고상한 체하며 늘 말씀하셨고 나 또한 그렇게 생각했던, 바로 인간의 품위와 도덕적 예절이 태어날 때부터 누구에게나 고르게 존재하는 건 아니라는 사실을 말이다.

Judgement 판단, 판결 | Snobbishly 잘난 척하며, 신사인체 하며, 우월 의식에 빠져 속물적으로 | Decency 예의, 체면, 품위 | Parcelled out ~(으)로 나누어진 | Unequally 같지 않게, 불평등하게, 불충분하게

『위대한 개츠비』

If personality is an unbroken series of successful gestures, then there was something gorgeous about him, some heightened sensitivity to the promises of life, as if he were related to one of those intricate machines that register earthquakes ten thousand miles away. This responsiveness had nothing to do with that flabby impressionability which is dignified under the name of the "creative temperament"—it was an extraordinary gift for hope, a romantic readiness such as I have never found in any other person and which it is not likely I shall ever find again.

만약 인간의 개성이 중단되지 않는 성공적인 몸짓의 연속이라면, 개츠비는 아주 멋지고 화려하며 삶의 약속에 대한 예민한 감수성을 지니고 있었다. 마치 먼 거리에서 지진을 감지하는 섬세한 기계처럼, 그는 삶에 대한 무언가를 놓치지 않고 찾아내는 것 같았다. 이런 민감성은 '창조적 기질'이라기보다는 희망을 포기하지 않는 비범하고 특별한 능력이며, 지금까지 다른 사람들에게서 발견하지 못했던 낭만적인 기질을 가진 사람이라는 의미였다.

Personality 개성, 인격, 성격 | **Gorgeous** 아름다운, 화려한 | **Responsiveness** 반응성, 응답 능력 | **Flabby** 축 늘어진, 무기력한, 설득력 없는 | **Temperament** 기질, 성향 | **Impressionability** 감수성, 민감성 | **Readiness** 기꺼이 하려는 상태, 준비되어 있는 상태

『위대한 개츠비』

I was rather literary in college—one year I wrote a series of very solemn and obvious editorials for the Yale News—and now I was going to bring back all such things into my life and become again that most limited of all specialists, the "well–rounded man." This isn't just an epigram—life is much more successfully looked at from a single window, after all.

대학 시절에 나는 꽤 문학적인 학생이었다. 나는 『예일 뉴스』에 아주 진지하고 명백한 어조의 사설들을 쓰기도 했다. 이제는 그런 나의 재능을 발전시켜서 전문가 중에서도 진짜 전문가이자 '다재다능한 사람'이 되고 싶었다. 이건 그냥 멋있어 보이려고 하는 말이 아니다. 인생이란 결국 하나의 관점으로 깊이 있게 바라볼 때 더 성공적으로 볼 수 있는 법이다.

Literary 문학적인 | Solemn 엄숙한, 진지한 | Editorial 편집자의, 사설 | Specialist 전문가, 전공자 | Well-rounded man 다재다능한 사람 | Epigram 짧은 경구, 속담, 재치 있는 짧은 풍자시

『위대한 개츠비』

For a moment the last sunshine fell with romantic affection upon her glowing face; her voice compelled me forward breathlessly as I listened, then the glow faded, each light deserting her with lingering regret, like children leaving a pleasant street at dusk.

마지막 태양 빛 한 줄기가 데이지의 생기 있는 얼굴에 낭만적인 기운을 드리웠다. 나는 데이지의 목소리에 취해 나도 모르게 숨을 참으며 귀를 기울였다. 해 질 녘 어둠이 찾아오자 즐겁게 뛰놀던 거리를 남겨 둔 채 떠나야 하는 아이들처럼, 황혼의 빛은 그녀를 떠나며 아쉬워했다.

Affection 애정, 사랑 | Compel 강제하다, 억지로 시키다 | Breathlessly 숨이 차서, 숨을 죽이며, 숨이 막힐 정도로 | Glow 불빛, 홍조, 빛나다, 상기되다 | Desert 버리다, 저버리다, 떠나다 | Lingering 남아 있는, 오래가는 | Dusk 해가 지고 어두워지는 시점 |

『위대한 개츠비』

Every one suspects himself of at least one of the cardinal virtues, and this is mine: I am one of the few honest people that I have ever known.

사람이라면 누구나 자신에게 최소한 한 가지 미덕은 있다고 생각한다. 나 역시 그렇다. 난 내가 아는 사람들 중에서 얼마 안 되는 정직한 사람 중 한 명이다.

Suspect 의심하다, 용의자 | Cardinal 주요한, 기본적인 | Honest 정직한, 순수한, 솔직한

『위대한 개츠비』

"Gatsby bought that house so that Daisy would be just across the bay."

Then it had not been merely the stars to which he had aspired on that June night. He came alive to me, delivered suddenly from the womb of his purposeless splendor.

"개츠비는 바로 만 건너편에 데이지의 집이 있기 때문에 그 집을 산 거예요."
6월 밤, 개츠비가 갈망하는 눈으로 바라보고 있던 것은 단순히 별이 아니었다. 그는 무의미하게 빛나기만 하는 자궁 속에서 벗어나, 생생하게 살아 있는 한 사람으로서 모습을 드러낸 것이었다.

Aspire 열망하다, 갈망하다 | Deliver 전달하다, 배달하다 | Womb 자궁, 보호하거나 양육하는 공간 |
Purposeless 목적 없는, 무의미한 | Splendor 화려함, 장관, 탁월, 빛남

『위대한 개츠비』

"Her voice is full of money," he said suddenly.

That was it. I'd never understood before. It was full of money—that was the inexhaustible charm that rose and fell in it, the jingle of it, the cymbal's song of it⋯. High in a white palace the king's daughter, the golden girl⋯.

"그녀의 목소리는 돈으로 꽉 차 있죠." 개츠비가 불현듯 말했다.
바로 그것이었다. 이전에는 미처 깨닫지 못했다. 데이지의 목소리는 돈으로 가득 차 있었다. 데이지의 목소리가 높아졌다 낮아졌다 하면서 풍기는 무한한 매력은 바로 돈이었다. 기분 좋게 댕그랑거리기도 하고, 때로는 심벌즈 소리처럼 크기도 했다. 마치 하얀 궁전의 저 높은 곳에서 화려하게 반짝이는 금으로 만든 공주님처럼⋯⋯.

Inexhaustible 고갈되지 않는, 무한한 | Jingle 짤랑대다, 댕그랑거리다

『위대한 개츠비』

"I'm thirty," I said. "I'm five years too old to lie to myself and call it honor."

She didn't answer. Angry, and half in love with her, and tremendously sorry, I turned away.

"난 서른 살입니다." 내가 말했다. "스스로에게 거짓말을 해 놓고 멋지다고 믿을 나이는 아니라는 말이죠."

베이커는 아무런 대답도 하지 않았다. 난 그녀에게 화가 나기도 했지만, 어느 정도는 아직 그녀를 사랑하고 있었다. 그리고 매우 후회하면서 씁쓸한 마음으로 돌아섰다.

Honor 명예, 존경, 영예, 신의 | Tremendously 엄청나게, 매우

『위대한 개츠비』

Gatsby believed in the green light, the orgiastic future that year by year recedes before us. It eluded us then, but that's no matter—tomorrow we will run faster, stretch out our arms father…. And one fine morning—
So we beat on, boats against the current, borne back ceaselessly into the past.

개츠비는 해가 지날수록 멀어지는 그 초록 불빛의 희열에 가득 찬 미래를 믿었다. 그 열망의 빛은 우리를 피해 갔지만 문제가 될 것은 없다. 내일이 되면 우리는 더 빨리 뛸 것이고, 우리의 두 팔은 더 멀리 뻗어 갈 것이다. 그리고 어느 화창한 날 아침…….
그렇게 우리는 조류를 거스르는 배처럼, 끊임없이 과거로 떠밀리면서도 계속해서 앞으로 나아가는 것이다.

Orgiastic 광란의, 방종의 | Recede 후퇴하다, 물러나다 | Elude 교묘히 피하다, 이룰 수가 없다 | Ceaselessly 끊임없이, 지속적으로

『위대한 개츠비』

『그리스인 조르바』

Zorba the Greek/Βίος και Πολιτεία του Αλέξη Ζορμπά

니코스 카잔차키스

Nikos Kazantzakis/Νίκος Καζαντζάκης

1883년 그리스 크레타 섬에서 태어난 소설가, 극작가 겸 철학자로서 현대 그리스 문학을 대표하는 인물로 평가받습니다. 예수 그리스도의 삶과 내적 갈등을 다루며 신앙과 의심을 탐구한 그의 대표작『그리스도 최후의 유혹』은 마틴 스코세이지 감독에 의해 영화로도 제작되었습니다. 카잔차키스의 작품 중 가장 널리 알려진『그리스인 조르바』는 삶의 열정과 자유를 강조합니다. 카잔차키스는 이 작품에 다양한 주제를 담아내며 인간 존재의 의미를 깊이 있게 탐구했습니다. 그의 문제는 독창직이며, 칠학직 사유가 잘 녹아 있습니다. 카잔차키스는 1957년 사망하였지만, 그의 작품들은 전 세계로 번역되어 널리 읽히며 여전히 많은 사람들에게 영향을 미치고 있습니다.

"Of course we may not save them. (…) But we will save ourselves by attempting to save them. Isn't that right? Didn't you once preach that yourself, dear teacher? 'The only way to save yourself is to fight to save others.' (…)"

"물론 그들을 모두 구할 수는 없겠지. (…) 하지만 그들을 구하려고 계속 시도하다 보면 우리 스스로는 구할 수 있어. 자네, 이전에 이렇게 설교하지 않았던가? '자기 자신을 구할 수 있는 유일한 방법은 남을 구하려고 애쓰는 데 있다'라고 말일세. (…)"

Attempt 시도, 노력하다 | Preach 설교하다, 전파하다 | Fight 싸우다, 투쟁하다, 대응하다

『그리스인 조르바』

"(…) 'Hey, Grandpa,' I say to him, 'are you really planting an almond tree?' And he, all bent over as he was, he turns and says to me, 'My boy, I act as though I'm never going to die.' I answered him in my turn, 'I act as though I'm going to die at any moment.' Which of the two of us was right, Boss?"

"(…) 내가 물었어요. '할아버지, 정말로 아몬드 나무를 심으시는 거예요?' 그러자 할아버지는 여전히 허리를 숙인 채 대답하시더군요. '그렇단다, 아가. 난 마치 내가 영원히 살 것처럼 행동한단다.' 그래서 나도 말했죠. '전 금방이라도 죽을 사람처럼 산답니다.' 우리 두 사람 중에서 누구 말이 맞는 걸까요, 보스?"

Turn 차례, 돌다, 회전하다 | Plant 식물, 심다 | Right 옳은, 오른쪽, 올바른, 정확한

『그리스인 조르바』

To escape Buddha, finding relief by removing all metaphysical concerns from my writings, and to come into warm clear-headed contact, from now on, with human beings.
Perhaps, I said to myself, there is still time.

붓다에게서 벗어날 것, 나의 모든 형이상학적 근심을 털어 내고 안정감을 가질 것. 이제부터는 인간들과 따뜻하면서도 명확한 관계를 유지할 것.
그러면서 나는 생각했다. '그래, 아직 시간이 있어.'

Escape 탈출하다, 피하다 | **Relief** 안도, 경감 | **Metaphysical** 형이상학적인, 추상적인 | **Clear-headed** 상황을 잘 판단하는, 냉철한, 명석한

『그리스인 조르바』

At the far end of the room, one goes up three or four steps to the loft with its three-legged folding bed and above it the holy icons with their lighted oil lamps. The house seems empty to you, yet it has everything. A true human being needs so few things.

방 끝 쪽으로 들어가 서너 개 정도 되는 계단을 올라가면 삼각 다리 접이식 간이침대가 하나 놓여 있고, 그 위에 불이 켜진 기름 램프들과 성상들이 걸려 있다. 그 집은 얼핏 텅 비어 보이지만 필요한 것은 모두 있다. 실상 사람이 사는 데 필요한 것은 그다지 많지 않은 법이다.

Loft 다락방, 높은 천장을 가진 넓은 공간 | **Icon** 아이콘, 상징, 성상 | **Three-legged folding bed** 삼각 다리 접이식 침대 | **Empty** 텅 빈, 공허한, 비우다, 비게 되다

『그리스인 조르바』

Tell me what you do with the meal you eat. (…) And I'll tell you who you are. Some convert it into lard and dung, some into work and good spirits, some, apparently, so I've heard, into God. So, people are of three types. I am neither the worst nor one of the best. I stand in the middle, Boss. The meals I eat I turn into work and good spirits. Not bad, eh!

당신이 먹는 음식으로 무엇을 하는지 말해 준다면 (…) 당신이 어떤 사람인지 알 수 있지요. 어떤 사람은 무언가를 먹고서 비계 덩어리와 노폐물을 만들어 내고, 또 어떤 사람은 일과 행복한 영혼을 만들어 내지요. 명백하게 신을 만들어 내는 사람도 있고요. 인간은 세 종류로 나닙니다. 보스, 나는 가장 나쁜 쪽도 아니고, 그렇다고 가장 좋은 쪽도 아니에요. 그 중간쯤 되는 사람입니다. 나는 무언가를 먹고서 일과 행복감을 만들어 냅니다. 어때요, 이 정도면 썩 괜찮죠?

Spirit 정신, 기분, 영혼 | **Apparently** 명백히, 보아하니 | **Convert** 변환하다, 전환시키다 | **Lard** 돼지비계, 고기 기름 덩어리 | **Dung** 똥

『그리스인 조르바』

My life has gone to waste. (…) If only I could grasp a sponge and wipe out everything I have read, seen, heard, in order to go to Zorba's school and begin to learn the great, true, alphabet! (…) At last I would be exercising my five senses—my skin in its entirety—to be able to enjoy and understand. I would learn to run, to wrestle, to swim, to gallop on horseback, to row a boat, to drive a car, to shoot a rifle. I would fill my soul with flesh, my flesh with soul, finally reconciling inside me those two primordial enemies.

내 인생은 의미 없이 흘러가 버렸다. 만약 지금이라도 내가 그동안 읽고, 보고, 이해했던 모든 것을 지워 버린 다음 조르바의 학교에 들어가 저 위대한 진짜 알파벳을 배울 수 있다면 얼마나 좋을까! 내 오감과 신체 능력을 완벽하게 훈련해서 진정으로 즐기고 이해할 수 있게 하고 싶다. 달리고, 싸우고, 수영하고, 말 타고, 노 젓고, 운전하고, 총 쏘는 법을 배우리라. 내 영혼을 육신으로 채우고, 영혼으로 가득 찬 육신은 마침내 내 안에서 진정으로 두 적이 하나가 됨을 맛보리라.

Grasp 이해하다, 잡다 | **Entirety** 전체, 전부 | **Reconciling** 조정하는, 화해하는 | **Primordial** 원시적인, 초기의

『그리스인 조르바』

We stepped outside. The stars were sparkling in the sky. The River Jordan spilled out from one edge of heaven to the other. The sea was bubbling.

We sat down cross—legged on the pebbles, the waves licking the soles of our feet.

"Poverty desires the comfortable life," said Zorba. "So it supposes it will do us in, does it? (…)"

우리는 집 밖으로 나왔다. 별들이 하늘에서 반짝거리며 빛났다. 하늘의 한쪽 끝에서 반대편 끝까지 은하수가 넘쳐흘렀다. 바다는 거품으로 부글거렸다.
우리는 조약돌 위에 앉아 다리를 포갰고, 파도가 우리 발바닥을 감싸며 스쳐갔다. 조르바가 말했다.
"가난하면 삶의 안정감을 추구하기 마련이죠. 그러니 우리 마음속에서 더 갈망하는 거예요. 그렇지 않나요? (…)"

Sparkling 반짝이는, 빛나는 | Heaven 천국, 하늘, 낙원 | Cross-legged 책상 다리를 하고, 다리를 포개고 | Poverty 빈곤, 가난 | Desire 욕망, 열망 | Suppose 가정하다, 추측하다

『그리스인 조르바』

The great ascetic, gathering his disciples around him, cries out: "Woe* to whoever does not have within him the source of happiness! Woe to whoever wishes to please others! Woe to whoever does not sense that this life and the other life are the same!"

위대한 수행자는 제자들을 모아 놓고 이렇게 외친다. "자기 자신 안에 행복의 근원을 가지지 않은 자에게 화가 있을지니! 남들의 비위만 맞추려고 하는 자에게 화 있을지어다! 이승과 저승이 결국은 하나의 세계임을 깨닫지 못하는 자에게 화 있을지어다!"

Ascetic 금욕적인, 금욕하는 사람 | Disciple (종교적, 정치적 가르침을 따르는) 제자, 신봉자 | Source 출처, 원천

*슬픔이나 고통을 표현할 때 사용된 고대 노르드어 'vá'와 관련된 고대 영어 'woe'에서 유래된 단어로, 문학적이고 감정적인 맥락에서 비극적인 상황이나 고통을 표현하는 단어로써 주로 사용됩니다.

『그리스인 조르바』

"I look down at death continually," he said at last. "I look at it and am not afraid. Never, however, do I say, 'I like it.' No, I do not like it, not at all. I am free, am I not? I don't sign!" He stopped, but quickly shouted again: "No, I'm not one to hold out my neck to death like a sheep and say, 'Slaughter me, my dear Agha, so I may become a saint.'"

"난 계속해서 죽음을 생각합니다." 마침내 조르바가 말했다. "죽음을 보지만 두렵지는 않아요. 하지만 절대로 죽음이 좋다는 생각은 안 해요. 아니, 난 죽음을 전혀 좋아하지 않아요! 난 자유인 아닌가요? 그러니 그런 생각에는 동의할 수 없죠!"
그는 잠시 말을 멈추었다가 재빠르게 다시 말했다. "나는 양처럼 얌전히 목을 내밀고 '이봐요, 주인님. 내가 천당으로 직행하도록 내 목을 따 주세요!'라고 말하진 않을 거예요."

Continually 끊임없이, 계속해서 | Slaughter 도살하다, 학살하다 | Agha 주인, 상관(터키어에서 유래) | Saint 성인, 성자

『그리스인 조르바』

I said nothing. To say yes to necessity, transubstantiating the unavoidable into one's own free will, is perhaps our only path to deliverance. I knew this, and for that reason said nothing.

(…) A warm south wind blowing from Egypt was ripening the vegetables, fruit, and human breasts of Crete. I received it pouring over my forehead, lips, and throat, making my brain crackle and swell like maturing fruit.

나는 아무 말도 하지 않았다. 필연을 받아들이는 것, 피할 수 없는 운명을 인간의 자유 의지로 전환시키는 것, 아마도 이런 것들이야말로 인간이 해방될 수 있는 유일한 통로인지도 모른다. 나는 이 사실을 알고 있었기에 아무 말도 하지 않았다.

(…) 이집트에서 불어온 뜨거운 남풍이 채소와 과일을 여물게 하고, 크레타 사람의 마음을 성숙하게 했다. 나는 그 바람을 내 이마에, 입술에, 목에 받아들였다. 내 머리가 마치 잘 익은 과일처럼 쩍쩍 소리를 내며 부풀어 오르는 느낌이었다.

Necessity 필요, 필요성 | Transubstantiating 실체 변화 | Unavoidable 피할 수 없는 | Deliverance 구출, 해방 | Swell 부풀다, 증가하다 | Mature 성숙한, 성숙해지다

『그리스인 조르바』

일상이
풍요로워지는
성장
Growth

"자신의 내면을 이해하고 받아들이는 것이
진정한 성장의 시작이다."
— 「데미안 Demian」

『데미안』
Demian

헤르만 헤세
Hermann Hesse

1877년에 태어난 독일계 스위스 작가로, 인간 정신의 내적 여정을 탐구하는 소설로 잘 알려져 있습니다. 헤세의 글은 자아 발견, 영성, 삶의 의미를 찾는 주제를 깊이 다루고 있으며, 그의 소설은 종종 정체성과 사회에 대한 고뇌를 반영하고 있습니다. 헤세의 시적이고 내적인 문학 세계는 독자들과 깊은 공감을 이루었으며, 그의 작품도 지금도 많은 사람들에게 영감을 주고 사유를 자극하고 있습니다. 대표작으로는 『싯다르타』, 『유리알 유희』, 『데미안』 등이 있으며, 1946년 노벨문학상을 수상하였습니다.

There was only one thing I could not do: tear out the darkly hidden goal in me and paint somewhere in front of me how others did it, who knew exactly that they wanted to become a professor or judge, doctor or artist, how long it would take and what advantages it would have. I couldn't do that. Maybe I became something like that person, but how should I know. Perhaps I also had to search and keep searching, for years, and came to nothing and got no goal. After all, I didn't want to try anything but what would come out of me by itself. Why was it so very difficult?

내가 하지 않은 것이 하나 있다면, 다른 친구들처럼 마음속에 깊이 숨겨 놓은 목표 하나쯤 가지고 있지 않았다는 것이다. 친구들은 교수, 판사, 의사나 예술가가 되려면 얼마나 시간이 걸리고 그 목표를 이뤘을 때 어떤 이점들이 있는지 정확히 알고 있었지만, 난 그러지 못했다. 아마 나도 언젠가 그런 목표가 있는 사람이 되겠지만 그걸 어떻게 알 수 있겠는가. 어쩌면 난 계속 찾아야만 할 테고, 수년 동안 찾는다 해도 그 어떤 목표도 이루지 못할 수도 있다. 난 그저 꾸밈없는 나 자신의 모습, 그 자체로 살고 싶었다. 왜 그것이 그토록 어려웠을까?

Tear out ~을/를 잡아 벗기다, 급히 뛰어나가다, 제거하다 | Advantage 장점, 이점 | Search 검색하다, 찾다

『데미안』

You always have to ask, you always have to doubt. But the thing is very simple. If such a moth wanted to direct its will to a star or somewhere else, for example, it could not do so. Only—he's not trying to do that at all. He only looks for what has meaning and value for him, what he needs, what he absolutely must have. And it is precisely there that he succeeds in the unbelievable—he develops a magical sixth sense that no other animal except him has.

년 항상 질문을 하고 의심을 품어야 해. 그건 매우 간단한 일이야. 예를 들어 나방이 자기 의지를 어떤 별이나 다른 곳에 집중하려 한다면, 그건 불가능한 일일 거야. 물론 나방은 그런 시도조차 하지 않겠지만 말이야. 나방은 단지 자기에게 의미가 있고 가치 있는 것, 필요한 것, 그리고 절대적으로 필요로 하는 것만을 찾아. 그럴 때 바로 믿을 수 없는 일을 성공시키는 거야. 다른 어떤 동물도 갖지 못한 마법 같은 육감을 비로소 발달시키는 것이지.

Doubt 의심, 불확실성 | Meaning 의미, 뜻 | Absolutely 절대적으로, 틀림없이 | Precisely 바로, 꼭, 정확히 신중하게 | Succeed 성공하다, 이루다 | Unbelievable 믿기 어려운 | Develop 성장, 발달시키다, 개발하다

『데미안』

I glanced at it, stopped on a word, was startled and read, while my heart contracted with fate as if in great cold. "The bird is fighting its way out of the egg. The egg is the world. Whoever wants to be born has to destroy a world. The bird flies to God. The God is called Abraxas."

나는 종이를 흘깃 보다가 깜짝 놀라 거기에 적힌 글을 읽었다. 내 심장은 극한의 추위를 만난 듯 운명 앞에서 잔뜩 작아졌다. "새는 힘겹게 알을 깨고 나온다. 알은 세계다. 태어나려는 자는 누구든지 하나의 세계를 파괴해야 한다. 새는 신을 향해 날아간다. 신의 이름은 아브라삭스다."

Glance 힐끗 보다, 잠깐 보다 | Contract 계약, 줄이다, 수축하다 | Destroy 파괴하다, 없애다

『데미안』

At that time I found a strange refuge—by "accident", as they say. But there are no such coincidences. If he who needs something finds what is necessary for him, it is not chance that gives it to him, but he himself, his own desires and needs lead him there.

당시 나는 흔히 말하는 '우연'에 의해서 특이한 은신처를 발견하게 되었다. 하지만 그런 우연이란 존재하지 않는다. 만약 무엇인가를 간절히 필요로 하는 사람이 그것을 발견한다면, 이는 우연이 아니라 스스로가, 자신의 열망과 필요가 그곳으로 이끈 것이다.

Refuge 피난처, 보호처, 은신처 | Coincidence 우연의 일치, 동시 발생 | Necessary 필수적인, 필요하다

『데미안』

"The things that we see," said Pistorius softly, "are the same things that are in us. There is no reality other than that which we have within. That is why most people live so unrealistically, because they consider the images outside to be the real and do not allow their own world to come into their own. One can be happy about it. But once you know the other, you no longer have the choice of following the path of most. Sinclair, the path of most is easy, ours is difficult. We want to go."

"우리가 보는 것은 우리 안에 있는 것과 같습니다. 우리 안에 있는 것 말고 진짜 현실은 없어요. 그래서 대부분의 사람들이 그토록 비현실적으로 사는 겁니다. 그들이 외부의 형상을 진짜라고 믿고, 자신의 고유 세계는 받아 주지 않기 때문이죠. 사람이 그렇게 살아도 행복할 수는 있겠죠. 하지만 일단 다른 세상을 알고 나면, 대부분의 사람들이 선택하는 길을 가는 기회는 더 이상 없어요. 싱클레어, 대부분의 사람들이 가는 길은 쉽고, 우리가 가는 길은 어렵습니다. 그래도 우리는 우리의 방향대로 갑시다."

Unrealistically 비현실적으로 | Consider 고려하다, 생각하다 | Once + 주어 + 동사: 일단 ~하면 | Path 길, 방향, 계획

『데미안』

However, it was not these scholarships that encouraged me inside, but rather the opposite. What was good for me was finding my way forward within myself, the increasing trust in my own dreams, thoughts and premonitions, and the increasing knowledge of the power that I carry within me.

나의 내면의 성장을 이끈 것은 이런 해박한 지식들이 아니라 오히려 그 반대의 것이었다. 나 자신을 향해 전진하는 것, 내 꿈과 생각 그리고 예감을 점점 더 신뢰하는 것, 그리고 내가 지니고 있는 힘에 대해 점점 잘 알게 된 것이 도움이 되었다.

Scholarship 지식, 학문, 장학금 | Encourage 격려하다, 장려하다 | Premonition 예감, 미리 알림 | Knowledge 지식, 앎

『데미안』

What we now have in common is only herding. People flee from each other because they are afraid of one another—the masters, the workers, the scholars. And why are you afraid? You are only afraid if you disagree with yourself. They are afraid because they never confessed to themselves.

지금 사회에서 사람들이 연대라고 하는 것은 그냥 패거리일 뿐이야. 사람들은 서로를 두려워하기 때문에 서로에게로 도망치는 거야. 신사는 신사끼리, 노동자는 노동자끼리, 학자는 학자끼리 말이야. 그런데 왜 그렇게 두려워하는 걸까? 그건 자기 자신과 하나가 된 경험이 없기 때문이야. 단 한 번도 자기 자신을 제대로 안 적이 없기 때문에 두려워하는 것이지.

Herd 떼, 무리 | Master 주인, 전문가 | Disagree 동의하지 않다, 의견이 다르다 | Confess 고백하다, 자백하다

『데미안』

"As long as the dream is your fate, you should remain loyal to it." She confirmed seriously. I was gripped by sadness and the longing to die in this enchanted hour. I felt the tears, how long had I not cried! Inexorably swell up in me and overwhelm me. I turned away from her violently, went to the window and looked with blind eyes over the potted flowers.

"그 꿈이 당신의 운명인 한 그 꿈에 충실해야 합니다." 그녀가 진심을 담아 말했다. 난 슬픔에 사로잡혀서 이 황홀한 순간에 갑자기 죽고 싶다는 간절한 소망에 휩싸였다. 그동안 얼마나 눈물이 흐르지 않았던지 쉴 새 없이 흘러내렸고, 걷잡을 수 없이 안에서 쏟아져 나와 나를 압도했다. 나는 격렬하게 등을 돌려 창가로 가서 눈물로 범벅이 된 눈으로 꽃이 핀 화분 너머를 바라보았다.

Fate 운명, 숙명 | Remain 남다, 여전히 ~이다 | Confirm 확인하다, 확정하다, 더 확실히 믿음을 갖게 하다 | Grip 잡다, 쥐다 | Inexorably 막을 수 없이, 피할 수 없이 | Overwhelm 압도하다, 압도당하다 | Violently 격렬하게, 폭력적으로

『데미안』

"Love doesn't have to ask." she said, "Neither does it have to ask. Love must have the strength to come to certainty in itself. Then it is no longer pulled, but pulls. Sinclair, your love is being drawn from me. If she pulls me once, I'll come. I don't want to give gifts, I want to be won."

"사랑은 요구하는 게 아니에요. 요청하는 것도 아니고요. 사랑은 스스로 확신에 이를 수 있는 힘을 가져야 해요. 그때는 더 이상 끌려가지 않고, 오히려 끌어당기게 되죠. 싱클레어, 당신의 사랑은 나에게 영향 받고 있어요. 그 사랑이 나를 이끌어 낸다면 나는 가겠어요. 선물로 주고 싶진 않아요. 나는 당신에게 쟁취되기를 원해요."

Strength 힘, 강도 | Certainty 확실한 것, 확실성

『데미안』

How strange that now the current of the world should no longer run past us anywhere. That suddenly went right through our hearts, that adventures and wild fates were calling us, and that now or soon the moment was when the world needed us where she wanted to transform.

세계의 흐름이 더 이상 우리를 그 어느 곳에서도 지나치지 않는다니 기이한 일이다. 그때 갑자기 우리의 마음 정중앙을 뚫고 지나가면서, 모험과 야생의 거친 운명이 우리를 부른다. 지금 혹은 멀지 않은 어떤 순간에, 세상은 우리를 다른 모습으로 변모시켜 원하는 곳에 데려다 놓을 것이다.

Current 현재의, 최신의 | Adventure 모험, 모험심 | Transform 변형하다, 변화시키다

『데미안』

『노인과 바다』

The Old Man And the Sea

어니스트 헤밍웨이
Ernest Hemingway

1899년 미국에서 태어났으며, 간결한 문체와 모험적인 삶으로 유명합니다. 종군 기자로서 복무하였고 낚시와 사냥 같은 야외 활동을 즐겼는데, 이러한 경험에서 얻은 영감들이 작품에 많은 영향을 주었습니다. 그의 작품은 용기, 명예, 전쟁의 영향 같은 주제를 자주 다루며, 직설적인 문체와 강렬한 캐릭터들은 독자들에게 크게 사랑받는 요인이 되었습니다. 대표작으로『노인과 바다』,『누구를 위하여 종을 울리나』,『무기여 잘 있거라』등이 있으며, 1954년 노벨문학상을 수상하였습니다.

"One sheet. That's two dollars and a half. Who can we borrow that from?"

"That's easy. I can always borrow two dollars and a half."

"I think perhaps I can too. But I try not to borrow. First you borrow. Then you beg."

"한 장만 사자꾸나. 2달러 50센트야. 누구한테 그 돈을 빌리면 좋겠니?"
"그건 식은 죽 먹기예요. 2달러 50센트쯤은 언제든 빌릴 수 있어요."
"나도 아마 그 정도는 빌릴 수 있을 거란다. 하지만 난 웬만하면 돈을 빌리지 않으려고 노력하지. 돈을 빌리기 시작하면 나중엔 구걸하게 되는 법이거든."

Borrow 빌리다 | Perhaps 아마, 혹시 | Beg 구걸하다, 간청하다

『노인과 바다』

I keep them with precision. Only I have no luck any more. But who knows? Maybe today. Every day is a new day. It is better to be lucky. But I would rather be exact. Then when luck comes you are ready.

난 정확하게 미끼를 던질 수 있지. 그저 내게 더 이상 운이 따르지 않는 것일 뿐이야. 하지만 누가 또 알아? 어쩌면 오늘은 운이 좋을지도. 하루하루가 새로운 날이니까 말이야. 물론 운이 좋다면 더 좋겠지. 하지만 난 오히려 정확하게 일을 해내고 싶어. 행운이란 녀석은 준비가 되어 있는 사람에게 찾아오는 법이니까.

Precision 정확성, 정밀함, 신중함 | **Exact** 정확한, 정밀한, 세밀한

『노인과 바다』

"What a fish," he said. "He has it sideways in his mouth now and he is moving off with it."

Then he will turn and swallow it, he thought. He did not say that because he knew that if you said a good thing it might not happen.

"이야, 이 물고기 좀 보게. 미끼를 옆으로 물고서는 달아나고 있어." 노인이 말했다.
'그리고 한 바퀴 돈 후에는 미끼를 삼켜 버리겠지.' 그러나 노인은 그 생각을 입 밖으로 내지는 않았다. 뭔가 좋은 일을 입 밖에 내면 일어나지 않을 수도 있다는 것을 잘 알고 있었기 때문이다.

Sideway 옆으로, 측면으로 | Move off 떠나다, 이동하다 | Swallow 삼키다

『노인과 바다』

"I'll kill him though," he said. "In all his greatness and his glory."

Although it is unjust, he thought. But I will show him what a man can do and what a man endures.

"I told the boy I was a strange old man." he said.

"Now is when I must prove it."

"저 고기놈을 꼭 죽이고 말거야. 아무리 거대하고 멋진 놈이라도 말이지." 그가 다시 말했다.
'비록 그게 옳지 않은 일이라도 난 녀석에게 인간이 어떤 일을 해낼 수 있는지, 또 얼마나 인내심 있게 견뎌 낼 수 있는지 보여 주고 말겠어.' 노인은 생각했다.
"아이에게 내가 좀 별난 늙은이라고 말했지. 이젠 그걸 증명할 시간이야."

Greatness 거대함, 위대함, 웅장함, 저명, 탁월, 고귀 | Glory 영광, 영예, 찬란한 아름다움 | Unjust 부당한, 불공평한 | Endure 견디다, 참다

『노인과 바다』

After that he began to dream of the long yellow beach and he saw the first of the lions come down onto it in the early dark and then the other lions came and he rested his chin on the wood of the bows where the ship lay anchored with the evening off-shore breeze and he waited to see if there would be more lions and he was happy.

그런 후에 노인은 길게 뻗은 노란 해변이 나오는 꿈을 꾸었다. 사자 한 마리가 어두운 이른 새벽에 바닷가로 내려오더니, 뒤이어 다른 사자들이 나타나기 시작했다. 노인이 탄 배가 육지에서 불어오는 저녁 산들바람을 받으며 닻을 내렸고, 그는 뱃머리의 널빤지에 턱을 괴고서 사자가 더 오지는 않는지 보려고 기다렸다. 그 기분이 꽤나 흡족했다.

Bow 절하다, 숙이다, 뱃머리, 이물, 절, 인사 | Anchor 닻, 고정시키다 | Breeze 산들바람, 미풍

『노인과 바다』

Then he was sorry for the great fish that had nothing to eat and his determination to kill him never relaxed in his sorrow for him. How many people will he feed, he thought. But are they worthy to eat him? No, of course not. There is no one worthy of eating him from the manner of his behaviour and his great dignity.

I do not understand these things, he thought. But it is good that we do not have to try to kill the sun or the moon or the stars. It is enough to live on the sea and kill our true brothers.

그런 생각을 하다 보니 노인은 아무것도 먹지 못한 거대한 고기가 어쩐지 불쌍하다는 생각이 들었지만, 연민의 정을 느낄지라도 고기를 죽이겠다는 결심은 조금도 누그러들지 않았다. 저 큰 고기를 잡으면 얼마나 많은 사람의 배를 채울 수 있을까? 하지만 과연 그들에게 저 고기를 먹을 자격이 있을까? 아니다, 그럴 자격은 없다. 고기의 위풍당당한 몸짓이나 품위를 보면 저놈을 먹을 자격이 있는 인간이란 단 한 사람도 없어. 난 이런 종류의 일은 잘 몰라. 하지만 해나 달이나 별을 죽이려고 할 필요가 없다는 건 정말로 좋은 일이야. 바다 근처에 살면서 우리의 진정한 형제들을 죽이는 것만으로도 충분해.

Worthy 받을 만한, 자격이 있는, 훌륭한 | **Manner** 일의 방식, 태도, 예의 | **Behaviour** 처신, 행동 방식, 행동 | **Dignity** 존엄, 품위

『노인과 바다』

It was too good to last, he thought, I wish it had been a dream now and that I had never hooked the fish and was alone in bed with the newspaper.

"But man is not made for defeat," he said. "A man can be destroyed but not defeated."

좋은 일이란 오래가는 법이 없지. 노인은 생각했다. 이게 꿈이었다면, 그래서 이 물고기를 한 번도 잡은 적도 없고, 그저 침대에 신문지나 깔고 혼자 누워 있었으면 얼마나 좋을까.
"하지만 인간은 패배하라고 만들어진 존재가 아니야." 노인이 말했다. "사람은 파괴될 순 있지만 패배할 수는 없는 법이니까."

Destroyed 파괴된, 망가진 | Defeated 패배한, 정복당한

『노인과 바다』

It is silly not to hope, he thought. Besides I believe it is a sin. Do not think about sin, he thought. There are enough problems now without sin. Also I have no understanding of it.

희망을 버리는 건 바보 같은 짓이야. 그는 생각했다. 게다가 그런 생각은 죄악이거든. 죄에 대해서는 생각하지 말자. 지금은 죄가 아니라도 해결할 문제들이 충분히 넘쳐. 또 나는 죄가 뭔지조차 모르거든.

Silly 어리석은, 우스꽝스러운 | Believe 믿다, 생각하다, 느끼다 | Sin 죄, 잘못, 죄악

『노인과 바다』

"I wish I had a stone for the knife," the old man said after he had checked the lashing on the oar butt. "I should have brought a stone." You should have brought many things, he thought. But you did not bring them, old man. Now is no time to think of what you do not have. Think of what you can do with what there is.

"칼을 갈 숫돌이 있으면 좋을 텐데." 노인은 노의 끝부분에 묶은 끈을 확인한 후에 말했다. "숫돌을 가지고 왔다면 좋았을걸." 챙겨 왔어야 할 것들이 많군, 하고 그는 생각했다. 하지만 이 노인네야, 넌 그것들을 가지고 오지 않았어. 지금은 너한테 없는 물건을 생각할 때가 아니야. 지금 여기에 갖고 있는 물건으로 뭘 할 수 있는지를 생각해 봐야 할 때지.

Lashing 끈이나 밧줄로 묶는 것 | Oar butt 노의 끝부분

『노인과 바다』

Up the road, in his shack, the old man was sleeping again. He was still sleeping on his face and the boy was sitting by him watching him. The old man was dreaming about the lions.

길 위의 오두막에서 노인은 다시 잠을 자고 있었다. 소년은 엎드린 채로 얼굴을 파묻고 잠을 자는 노인의 곁에서 그를 지켜보며 앉아 있었다. 노인은 사자 꿈을 꾸고 있었다.

Shack 오두막, 판잣집 | Dream 꿈, 꿈을 꾸다, (바라는 일을) 상상하다

『노인과 바다』

『작은 아씨들』
Little Women

루이자 메이 올컷
Louisa May Alcott

19세기 미국의 소설가로, 주로 여성의 삶과 성장에 대한 이야기를 다뤘습니다. 그녀의 대표작인 『작은 아씨들』은 네 자매의 우정과 고난을 통해 사랑과 가족의 소중함을 그려 내고 있습니다. 올컷은 사회적 제약 속에서도 여성의 독립성과 자아실현을 강조하며, 당시 사회에 큰 영향을 미쳤습니다. 그녀의 작품은 지금도 많은 독자들에게 사랑받으며 세대를 초월해 공감되는 메시지를 전달합니다. J.K. 롤링 등 많은 여성 작가들의 롤 모델로서 언급되는 작가입니다.

"Give them all of my dear love and a kiss. Tell them I think of them by day, pray for them by night, and find my best comfort in their affection at all times. A year seems very long to wait before I see them, but remind them that while we wait we may all work, so that these hard days need not be wasted. I know they will remember all I said to them, that they will be loving children to you, will do their duty faithfully, fight their bosom enemies bravely, and conquer themselves so beautifully that when I come back to them I may be fonder and prouder than ever of my little women."

"우리 딸들 모두에게 나의 사랑과 키스를 보내오. 낮에는 그 애들을 생각하고 밤에는 그들을 위해 기도하면서, 언제나 그 아이들의 애정 속에서 위로를 받고 있다고 전해 주시오. 아이들을 다시 만날 때까지 남아 있는 1년이란 시간이 내게는 너무 길지만, 우리가 떨어져 있는 동안 각자 할 일들을 열심히 해서 이 어려운 시간들이 헛되지 않기를 바란다고 전해 주시오. 난 우리 딸들이 내가 한 말을 모두 잘 기억하리라고 믿소. 엄마에게는 사랑스러운 딸들이 되고, 자기 책임을 충실하게 행하고, 마음속의 적과 용감하게 맞서고, 내면을 멋지게 가꾸어서 내가 그 애들을 다시 만날 때는 우리 딸들에 대해 이전보다 더 큰 애정과 자부심을 갖게 되기를 진심으로 바란다고 전해 주시오."

Comfort 위로, 편안함 | Faithfully 충실히, 성실하게 | Bosom 가슴, 가슴속의, 친밀한, 단란한 | Conquer 정복하다, 이기다, 물리치다 | Fonder 더 애정 어린, 더 좋아하는

『작은 아씨들』

"Then let me advise you to take up your little burdens again, for though they seem heavy sometimes, they are good for us, and lighten as we learn to carry them. Work is wholesome, and there is plenty for everyone. It keeps us from ennui and mischief, is good for health and spirits, and gives us a sense of power and independence better than money or fashion."

"자, 이제 너희들이 다시 짊어져야 할 작은 짐들에 대해 조언을 좀 해 줄게. 때론 무겁게 느껴지기도 하겠지만 약간의 부담감은 우리에게 좋은 거야. 자기만의 짐을 짊어지는 법을 배울수록 점점 가볍게 느껴지는 법이거든. 일이란 유익한 것이고, 그 종류도 아주 다양하단다. 일을 하면 걱정을 덜고 나쁜 행동도 멀리할 수 있어. 신체 건강이나 정신 건강에도 도움이 되고말고. 돈이나 겉치레보다 유익한 자신감이나 독립심도 기를 수 있지."

Burden 짐, 부담 | Wholesome 건전한, 유익한 | Ennui 권태, 지겨움, 지루함, 걱정, 근심 | Mischief 장난, 해악, 나쁜 짓, 악동 짓 | Sense of power 자신감, 성취감, 지배감 | Independence 독립, 자주성

『작은 아씨들』

"Hold it up when you walk, but drop it in the house. The sweeping style suits you best, and you must learn to trail your skirts gracefully. You haven't half buttoned one cuff, do it at once. You'll never look finished if you are not careful about the little details, for they make up the pleasing whole."

"걸을 때는 치마를 들어 올리고, 집 안에서는 아래로 늘어뜨려. 언니한테는 바닥으로 길게 늘어뜨리는 스타일이 제일 잘 어울려. 그러니까 언니는 치맛자락을 좀 더 우아하게 끌고 다니는 법을 배워야 해. 한쪽 소매 단추가 절반만 채워져 있네. 얼른 채워. 아주 사소한 부분도 세밀하게 신경 쓰지 않으면 절대 마무리가 된 것이라고 할 수 없어. 작은 부분이 모여서 조화로운 완전체를 만드는 법이거든."

Sweep 청소하다, 휩쓸다, 넓게 퍼지다 | **Trail** 길, 자취 | **Gracefully** 우아하게, 품위 있게 | **Cuff** (상의나 셔츠의) 소맷동 | **Pleasing** 즐거운, 기분 좋은, 만족스러운, 조화로운 | **Whole** 전체, 완전체, 온전한

『작은 아씨들』

Mrs. March knew that experience was an excellent teacher, and when it was possible she left her children to learn alone the lessons which she would gladly have made easier, if they had not objected to taking advice as much as they did salts and senna.

마치 부인은 경험만큼 뛰어난 선생님은 없다는 사실을 잘 알고 있었기에 딸들이 스스로 교훈을 배우도록 놔두는 편이었지만, 딸들이 소금과 차풀처럼 엄마의 충고를 거부감 없이 받아들일 때에는 기쁜 마음으로 나서서 일이 더 쉽게 풀릴 수 있도록 도와주었다.

Experience 경험, 체험 | Gladly 기꺼이, 기쁘게, 고마워서 | Object 물체, 목표, 반대하다, 이의를 제기하다 | Advice 조언, 충고 | Senna 차풀(약초의 한 종류)

『작은 아씨들』

"That's the right spirit, my dear. A kiss for a blow is always best, though it's not very easy to give it sometimes," said her mother, with the air of one who had learned the difference between preaching and practicing.

"그렇지, 딸아. 그게 바로 올바른 마음가짐이란다. 때론 정말 쉽지 않겠지만, 너에게 편파적으로 대하는 사람에게 먼저 미소를 보내는 것이 최선일 때가 있는 법이지." 말로만 설교하는 것과 달리 실제로 그 말을 실천하는 것이 얼마나 어려운 일인지 잘 아는 마치 부인이 말했다.

Practice 실행, 실천, 관례

『작은 아씨들』

"(…) Go out more, keep cheerful as well as busy, for you are the sunshine-maker of the family, and if you get dismal there is no fair weather. Then I'd try to take an interest in whatever John likes—talk with him, let him read to you, exchange ideas, and help each other in that way. Don't shut yourself up in a bandbox because you are a woman, but understand what is going on, and educate yourself to take your part in the world's work, for it all affects you and yours."

"(…) 메그 네가 가족 행복의 중심인데 우울하게 있지 말고 바깥으로 외출도 좀 하고, 늘 활기차고 쾌활하게 지내렴. 그리고 존이 좋아하는 것들에 관심을 가지고, 대화도 나누고, 책도 읽어 달라고 하고, 의견도 주고받고 해 보렴. 그러면서 서로를 돕고 사는 거란다. 네가 여자라는 이유로 스스로를 한계에 가두지 말고 세상일이 돌아가는 상황에도 관심을 갖고 이해하려고 해 봐. 현실 세상 속에서 너도 네 역할을 해야지, 그 모든 노력이 결국 너와 네 가족에게 영향을 준단다."

Sunshine 햇빛, 햇살, 행복 | Dismal 우울한, 음산한 | Fair 타당한, 온전한, 공평한 | Educate 교육하다, 가르치다 | Affect 영향을 미치다

『작은 아씨들』

"(…) when young married people are apt to grow apart, and the very time when they ought to be most together, for the first tenderness soon wears off, unless care is taken to preserve it. And no time is so beautiful and precious to parents as the first years of the little lives given to them to train. Don't let John be a stranger to the babies, for they will do more to keep him safe and happy in this world of trial and temptation than anything else, and through them you will learn to know and love one another as you should. (…)"

"(…) 젊은 부부는 멀어지기 마련이지만, 그래서 더욱더 함께하는 시간을 가져야 한단다. 처음 느낀 애정은 서로 지키려고 노력하지 않으면 점점 희미해지거든. 그리고 부모에게 아이들을 가르치고 양육하는 그 첫 시간들만큼 아름답고 소중한 때는 없단다. 아이들에게 존이 낯선 사람이 되도록 만들지 마렴. 고난과 유혹으로 가득 찬 이 세상에서 존만큼 네 아이들을 안전하고 행복하게 지켜 줄 사람은 없단다. 그리고 너희 부부는 아이들을 키우면서 서로를 사랑하고 존중하는 법을 배우게 될 거야. (…)"

Be apt to + 동사 원형: ~하는 경향이 있다, ~하기 쉽다 | Tenderness 부드러움, 애정 | Preserve 보존하다, 보호하다 | Precious 소중한, 귀중한 | Trial 재판, 시험, 고난 | Temptation 유혹, 유혹하는 것

『작은 아씨들』

"Rich people have no right to sit down and enjoy themselves, or let their money accumulate for others to waste. It's not half so sensible to leave legacies when one dies as it is to use the money wisely while alive, and enjoy making one's fellow creatures happy with it. (…)"

"부유하다고 해서 가만히 앉아 한량처럼 즐기기만 할 권리도 없고, 돈을 쓰지 않고 모아 두기만 하다가 엉뚱한 사람들한테 낭비하게 할 권리도 없지. 많은 유산을 남기고 죽는 것보다 살아 있는 동안 현명하게 잘 사용해서 주변 사람들을 행복하게 해 주는 편이 훨씬 분별력 있는 행동이야."

Accumulate 축적하다, 모으다 | Sensible 합리적인, 분별 있는 | Legacy 유산, 유증

『작은 아씨들』

"If he is old enough to ask the question he is old enough to receive true answers. I am not putting the thoughts into his head, but helping him unfold those already there. These children are wiser than we are, and I have no doubt the boy understands every word I have said to him. Now, Demi, tell me where you keep your mind."

"아이가 어려운 질문을 할 만한 나이가 된다면, 진실한 대답도 받아들일 수 있을 거요. 난 아이 머릿속에 무작정 생각을 집어넣기보다는, 이미 있는 생각 주머니를 열 수 있도록 도와주는 것뿐이오. 이 아이들은 우리보다 훨씬 현명하고, 난 우리 손자가 내가 했던 모든 말을 이해할 것이라고 믿어 의심치 않는다오. 자, 데미야. 이제 네 마음이 어디에 있는지 말해 주겠니?"

Receive 받다, 수령하다 | Unfold 펼치다, 드러내다

『작은 아씨들』

"And yet your life is very different from the one you pictured so long ago. Do you remember our castles in the air?" asked Amy, smiling as she watched Laurie and John playing cricket with the boys.

(…) "Yes, I remember, but the life I wanted then seems selfish, lonely, and cold to me now. I haven't given up the hope that I may write a good book yet, but I can wait, and I'm sure it will be all the better for such experiences and illustrations as these."

"그런데 오래전에 언니가 꿈꿨던 생활과는 많이 다른 것 같아. 우리가 이야기 나눴던 미래의 꿈, 기억나?" 로리와 존이 아이들과 크리켓을 하며 노는 모습에 미소를 보내며 에이미가 물었다.

(…) "응, 기억나. 하지만 그때 내가 원했던 삶은 지금의 내 관점에선 이기적이고, 외롭고, 냉정해 보여. 좋은 책을 쓰고 싶다는 꿈은 아직 포기하지 않았지만 얼마든지 기다릴 수 있어. 이런 경험들과 장면들이 많아질수록 더 좋은 글을 쓸 수 있다고 확신하니까."

Selfish 이기적인 | Illustration 삽화, 예시

『작은 아씨들』

일상이 소중해지는 행복
Happiness

"행복은 자신이 원하는 것을
찾는 데서 온다."

— 『제인 에어 Jane Eyre』

『크리스마스 캐럴』
Christmas Carol

찰스 디킨스
Charles Dickens

1812년에 태어난 영국의 작가이자 사회비평가로 '영국의 19세기 셰익스피어'라고 불립니다. 디킨스는 빅토리아시대 노동 계급의 고난을 생생히 그려내면서, 매력적인 캐릭터와 흥미진진한 줄거리를 통해서 사회 문제를 조명하고 개혁을 촉구했습니다. 생생한 묘사와 풍부한 유머, 그리고 인간 본성에 대한 깊은 통찰로 가득 찬 그의 작품들은 전 세계 사람들에게 널리 사랑받고 있습니다. 대표작으로는 『올리버 트위스트』, 『두 도시 이야기』, 『위대한 유산』, 『크리스마스 캐럴』 등이 있습니다.

"There are many things from which I might have derived good, by which I have not profited, I dare say," returned the nephew. "Christmas among the rest. But I am sure I have always thought of Christmas time, when it has come round—apart from the veneration due to its sacred name and origin, if anything belonging to it can be apart from that—as a good time; a kind, forgiving, charitable, pleasant time; the only time I know of, in the long calendar of the year, when men and women seem by one consent to open their shut-up hearts freely, and to think of people below them as if they really were fellow-passengers to the grave, and not another race of creatures bound on other journeys. (…)"

"세상에는 꼭 어떤 직접적인 이익을 얻지 않더라도 그냥 존재만으로도 행복감을 느끼게 해 주는 게 많아요. 크리스마스도 그중 하나죠. 그 이름이나 유래 때문에 갖게 되는 경외감은 차치하고서라도 크리스마스는 참 좋은 때이고 친절함, 용서와 자비로움이 공존하는 즐거운 때라고 항상 생각해 왔죠. 크리스마스의 의미 중 어느 한 가지를 따로 떼어 놓고 생각하더라도 말이죠. 1년 동안의 수많은 날들 중에서 남녀노소를 불문하고 마음을 터놓고, 자기보다 못한 사람들을 나와 다른 별난 사람들이라고 여기지 않고 무덤까지 같이 갈 동료라고 여기는 것도 제가 아는 한 바로 이 크리스마스 때뿐이라고요. (…)"

Derive (다른 것에서) 이익이나 즐거움을 끌어내다, ~에서 비롯되다 | Profit 이익 (이득)을 주다 | Veneration 존경, 숭배 | Sacred 성스러운, 종교적인, 신성시되는 | Forgiving 용서하는 | Charitable 자비로운, 관대한 | Creature 생물, 창조물

『크리스마스 캐럴』

"It is required of every man," the Ghost returned, "that the spirit within him should walk abroad among his fellowmen, and travel far and wide; and if that spirit goes not forth in life, it is condemned to do so after death. It is doomed to wander through the world—oh, woe is me!—and witness what it cannot share, but might have shared on earth, and turned to happiness!"

"모든 인간에게는 요구되는 것이 있다. 그의 영혼이 지인들 사이를 돌아다니며 널리, 그리고 멀리 여행을 하도록 해야 하는 것이다. 만일 그 영혼이 생전에 그러지 않았다면 죽은 후에라도 반드시 그래야만 한다. 이 세상을 떠돌며 헤매는 운명에 처하는 것이다. 슬프구나, 더 이상 함께할 수 없는 운명이라니. 이승에 있었다면 함께하면서 행복할 수 있었을 텐데!"

Return 돌아오다, 반납하다, 귀환하다 | Fellow 동료, 친구 | Condemn 비난하다, 처벌하다, 규탄하다, 선고를 내리다 | Doomed 운명 지워진, 멸망할 운명인 | Wander 거닐다, 돌아다니다, 헤매다

『크리스마스 캐럴』

"Oh! captive, bound, and double-ironed," cried the phantom, "not to know, that ages of incessant labour by immortal creatures, for this earth must pass into eternity before the good of which it is susceptible is all developed. Not to know that any Christian spirit working kindly in its little sphere, whatever it may be, will find its mortal life too short for its vast means of usefulness. Not to know that no space of regret can make amends for one life's opportunity misused! (…)"

"오, 억류되고, 묶이고, 겹겹이 쇠사슬에 감겨 있는 이 몸, 모르겠지, 불멸의 존재들이 쉴 새 없이 이 세상을 위해 노동을 하고 있지만, 그 선한 행동이 널리 영향을 주기도 전에 영원의 세계로 떠나야 한다는 사실을. 기독교의 박애 정신으로 무슨 일이든 주어진 대로 친절하게 한다고 해도 인간의 삶은 유한하고 시간이 너무나 짧기에 그 쓰임의 범위가 너무나 부족하다는 사실을. 삶의 단 한 번뿐인 기회를 잘못 사용한 것을 아무리 후회해 봤자 소용없다는 사실을 깨닫지 못했다니! (…)"

Captive 사로잡힌, 억류된, 달리 어쩔 도리가 없는 | Bound 얽매인 | Iron 철, 쇠, 다리미 | Incessant 끊임없는, 쉴 새 없는 | Labour 노동, 업무 | Immortal 죽지 않는, 불후의, 불멸의 | Susceptible 민감한, 감수성이 예민한 | Mortal 영원히 살 수 없는, 치명적인 | Usefulness 유용성, 사용 가능성 | Regret 후회하다, 유감스러워하다 | Amend 수정하다, 개정하다 | Opportunity 기회 | Misused 잘못 사용된, 남용된

『크리스마스 캐럴』

"Have I ever sought release?"

"In words. No. Never!"

"In what, then?"

"In a changed nature; in an altered spirit; in another atmosphere of life; another Hope as its great end. In everything that made my love of any worth or value in your sight. If this had never been between us," said the girl, looking mildly, but with steadiness, upon him; "tell me, would you seek me out and try to win me now? Ah, no!"

"내가 그대와의 헤어짐을 바란 적이 있소?"

"말로 표현한 적은 없어요. 전혀요."

"그럼 어떤 이유로 그런 말을 하는 거요?"

"달라진 본성, 변해 버린 영혼, 낯설게 느껴지는 당신의 분위기, 또 다른 희망을 인생의 목표로 정한 것을 보면요. 내 사랑의 가치와 의미를 당신의 잣대로만 평가하는 것을 보면 알 수 있어요. 만약 우리 사이에 이런 약속들이 존재하지 않았더라면, 말해 봐요, 그래도 당신이 나를 찾고 함께하려고 노력했을까요? 아닐 거예요!" 그녀는 부드럽지만 침착한 눈길로 그를 바라보며 말했다.

Release 풀다, 해방하다, 발표하다 | **Alter** 변하다, 달라지다 | **Value** 가치, 중요성 | **Sight** 시각, 보기 | **Mildly** (태도를) 부드럽게 | **Steadiness** 견실함, 착실함, 끈기, 불변 | **Seek** 찾다, 추구하다

『크리스마스 캐럴』

"Is there a peculiar flavour in what you sprinkle from your torch?" asked Scrooge.

"There is. My own."

"Would it apply to any kind of dinner on this day?" asked Scrooge.

"To any kindly given. To a poor one most."

"Why to a poor one most?" asked Scrooge.

"Because it needs it most."

"유령님의 햇불에 무엇을 뿌리기에 독특한 향이 나나요?" 스크루지가 물었다.
"나만의 특별한 향신료를 넣지."
"오늘 저녁 식사에 어울리는 향입니까?" 스크루지가 다시 물었다.
"정성이 가득한 음식이라면 어떤 것에든. 특히 가난한 이들의 음식에 잘 맞지."
"왜 가난한 이들의 음식에 잘 맞는다는 거죠?" 스크루지가 물었다.
"가난한 이의 음식에 가장 필요한 것이기 때문이지."

Peculiar 이상한, 고유한, 독특한 | Flavour (음식의) 풍미, (특정한) 맛 | Sprinkle 뿌리다, 간간이 섞다 | Torch 햇불, 손전등 | Apply 쓰다, 적용하다

『크리스마스 캐럴』

It is a fair, even-handed, noble adjustment of things, that while there is infection in disease and sorrow, there is nothing in the world so irresistibly contagious as laughter and good-humour. When Scrooge's nephew laughed in this way: holding his sides, rolling his head, and twisting his face into the most extravagant contortions: Scrooge's niece, by marriage, laughed as heartily as he did. And their assembled friends being not a bit behindhand, roared out lustily.

질병과 슬픔이 전염되는 것처럼, 웃음과 쾌활함도 저항할 수 없을 정도로 세상에서 전염성이 강하다. 이 얼마나 공명정대하고 고귀한 사물의 이치인지 모른다. 스크루지의 조카가 이런 식으로 배를 부여잡고, 고개를 흔들고, 얼굴을 맘껏 일그러뜨리며 웃고 있을 때 스크루지의 조카며느리도 남편을 따라서 마음껏 웃었고, 모여 있던 친구들까지 조카 부부 못지않게 실컷 웃어 젖혔다.

Even-handed 공정한, 공평한 | Noble 고귀한, 웅장한, 숭고한 | Adjustment 조정, 수정 | Infection 감염, 전염병 | Disease 질병, 병, 질환 | Sorrow (큰) 슬픔, 비애, 슬픈 일 | Irresistibly 저항할 수 없게, 매력적으로 | Contagious 전염성의, 전염되는 | Laughter 웃음, 웃음소리 | Good-humour 쾌활함 | Extravagant 낭비하는, 사치스러운, 과장된 | Contortion 뒤틀림, 일그러짐 | Behindhand 뒤처진, 늦은 | Lustily 힘차게, 열정적으로

『크리스마스 캐럴』

"They are Man's," said the Spirit, looking down upon them. "And they cling to me, appealing from their fathers. This boy is Ignorance. This girl is Want. Beware them both, and all of their degree, but most of all beware this boy, for on his brow I see that written which is Doom, unless the writing be erased. Deny it!" cried the Spirit, stretching out its hand towards the city.

"이들은 인간의 아이들이다." 유령이 아이들을 내려다보며 말했다. "이 아이들은 저희 아비 곁을 떠나 나에게 매달려 있지. 남자아이는 '무지', 여자아이는 '결핍'이지. 둘 다 조심해야 할 것이다. 이들과 비슷한 것들도 조심해야 하고. 하지만 가장 조심할 것은 바로 이 소년이다. 내 눈에는 소년의 이마에 새겨진 '파멸'이라는 말이 보인다. 이 말이 지워지지 않는다면, 이를 부정하라!" 유령이 울부짖으며 도시를 향해 손을 뻗었다.

Cling 꼭 붙잡다, 들러붙다 | Ignorance 무지, 무식 | Want 필요, 욕구, 원하다, 필요하다 | Beware 조심하다, 경계하다 | Doom 죽음, 파멸, 운명 | Erase (완전히) 지우다, 없애다 | Deny 부인하다, 부정하다, 거부하다

『크리스마스 캐럴』

"Men's courses will foreshadow certain ends, to which, if persevered in, they must lead," said Scrooge. "But if the courses be departed from, the ends will change. Say it is thus with what you show me!"

"사람이 어떠한 인생의 길을 꾸준히, 인내심을 갖고 걷는다면 어떤 종착지에 다다를지는 뻔히 예견할 수 있는 법입니다." 스크루지가 말을 이었다. "하지만 그 길에서 벗어난다면 종착지도 달라지겠지요. 유령님이 저에게 가르쳐 주려고 하는 것이 바로 그런 것이겠지요!"

Course 코스, 과정 | Foreshadow 예시하다, 조짐을 나타내다 | Persevere (굴하지 않고) 계속하다, 인내심을 갖고 하다 | Depart 떠나다, 출발하다 | Thus 따라서, 그러므로, 이와 같이

『크리스마스 캐럴』

Yes! and the bedpost was his own. The bed was his own, the room was his own. Best and happiest of all, the Time before him was his own, to make amends in!

"I will live in the Past, the Present, and the Future!" Scrooge repeated, as he scrambled out of bed.

그랬다. 침대 기둥은 확실히 스크루지의 것이었다. 침대도 방도 다 그의 것이었다. 그 무엇보다도 행복한 최고의 사실은 그에게 다가올 모든 시간도 그의 것이고, 잘못 살아온 것들을 옳은 방향으로 바로잡을 시간도 충분하다는 사실이었다. "난 이제 과거, 현재, 그리고 미래의 시간을 모두 제대로 살 테다!" 스크루지는 침대에서 빠져나오며 계속 이 말을 되풀이했다.

Bedpost (구식 침대의 네 모서리에 있는) 침대 기둥 | Own 자신의, 직접 ~한 | Past 과거 | Present 현재, 선물, 출석한 | Future 미래 | Scramble (힘겹게 손으로 몸을 지탱하며) 재빨리 움직이다

『크리스마스 캐럴』

Some people laughed to see the alteration in him, but he let them laugh, and little heeded them; for he was wise enough to know that nothing ever happened on this globe, for good, at which some people did not have their fill of laughter in the outset; and knowing that such as these would be blind anyway, he thought it quite as well that they should wrinkle up their eyes in grins, as have the malady in less attractive forms. His own heart laughed: and that was quite enough for him.

어떤 사람들은 달라진 스크루지의 모습을 보고 비웃었지만, 그는 개의치 않았다. 세상에는 선을 베푸는 이를 비웃는 사람들도 있다는 것을 잘 알 만큼 현명해졌기 때문이다. 게다가 이런 사람들은 눈 뜬 맹인이나 마찬가지라고 생각했고, 그런 사람들이 눈살을 찌푸리며 심각한 표정으로 쓴웃음을 지어 봤자 추해 보인다는 사실을 알고 있었기 때문이다. 그의 마음만 진실하다면, 스크루지는 그것으로 충분했다.

Alteration 변경, 수정 | Outset 시작, 처음 | Blind 맹인들, 눈이 멀게 만들다 | Wrinkle 주름 | Grin 활짝 웃다 | Malady 심각한 문제, 병

『크리스마스 캐럴』

『제인 에어』
Jane Eyre

샬럿 브론테
Charlotte Brontë

영국의 소설가이자 시인으로, 브론테 자매 중 한 명입니다. 고딕 소설 요소와 현실주의를 결합한 독특한 매력을 지닌 작품들을 발표하였으며, 강한 여성 캐릭터와 사회적 제약에 대한 비판을 작품 속에 녹이는 것으로 유명합니다. 1847년 발간된 대표작 『제인 에어』는 고아 소녀의 성장과 자아 발견을 다루고 있습니다. 그녀가 남긴 문학 유산은 오늘날까지도 많은 이들에게 큰 영향을 미치고 있습니다.

Would you not be happier if you tried to forget her severity, together with the passionate emotions it excited? Life appears to me too short to be spent in nursing animosity or registering wrongs.

외숙모의 가혹했던 행동과 그로 인해 생긴 너의 뜨거운 분노를 잊어 보려고 노력한다면 좀 더 행복해지지 않을까? 원망을 계속 마음에 품고 있거나 그릇된 것들을 일일이 새겨 넣기에 인생은 참 짧은 것 같아.

Severity 혹독함, 가혹함, 심각성, 엄격성 | Passionate 열정적인, 열성적인 | Appear ~인 것 같다, 나타나다, 생기다, 발생하다 | Animosity 반감, 적대감, 원한 | Register 등록, 신고, 기재, 표명

『제인 에어』

"If all the world hated you, and believed you wicked, while your own conscience approved you, and absolved you from guilt, you would not be without friends."

"온 세상이 너를 미워하고 못된 아이라고 생각한다고 해도, 네 양심이 떳떳하고 스스로의 죄를 용서한다면 친구가 없는 건 아닐 거야."

Believe 믿다, 신뢰하다 | Wicked 못된, 사악한, 짓궂은, 장난기 있는 | Conscience 양심, (양심의) 가책 | Absolve 무죄임을 선언하다, 죄를 용서하다, 책임이 없음을 선언하다 | Guilt 죄책감, 유죄, (잘못된 일에 대한) 책임

『제인 에어』

It is in vain to say human beings ought to be satisfied with tranquillity: they must have action; and they will make it if they cannot find it.

살아 숨 쉬는 인간이 평정 속에서만 만족감을 느낄 수 있다는 것은 헛된 망상이다. 인간은 행동해야만 한다. 활동해야 할 꺼리를 찾지 못한다면 스스로 만들어 내는 것이 인간이다.

Vain 헛된, 소용없는, 자만심 강한, 허영심이 많은 | Human being (살아 있는) 사람 | Be satisfied with ~에 만족한 | Tranquillity 평온, 고요함, 평정, 침착함 | Action 행동. 조치, 동작, 행위

『제인 에어』

"I don't think, sir, you have a right to command me, merely because you are older than I, or because you have seen more of the world than I have; your claim to superiority depends on the use you have made of your time and experience."

"단지 저보다 나이가 많거나 더 많은 세상을 경험하셨다고 해서 저에게 명령할 권리가 있다고 생각하지는 않습니다. 주장하시는 우월성은 오히려 그동안 보내신 시간과 경험을 어떻게 잘 사용하고 있느냐에 달려 있습니다."

Command 명령하다, 지휘하다, 명령, 지휘 | Merely 한낱, 그저, 단지 | Claim 주장하다, 요구하다, 주장, 권리 | Superiority 우월성, 우세함, 거만함 | Depend on ~에 의존하다, ~에 의해 결정되다

『제인 에어』

I can live alone, if self-respect, and circumstances require me so to do. I need not sell my soul to buy bliss. I have an inward treasure born with me, which can keep me alive if all extraneous delights should be withheld, or offered only at a price I cannot afford to give.

난 어떤 환경에서도 충분히 자존감을 지키며 혼자서 잘 살 수 있어. 행복을 사기 위해 영혼까지 팔 필요는 없지. 내 마음속에는 타고난 보물이 있어. 내가 감당하기 어려운 값을 치르라는 요구를 받을지라도 내 안의 보물이 나를 살아 숨 쉬게 해 줄 거야.

Self-respect 자기 존중, 자존심 | Circumstance 환경, 상황, 정황, 형편 | Bliss 더없는 행복 | Inward 마음속의, 내심의, 안쪽으로(내부로) 향한 | Treasure 보물, 보물처럼 귀중한 것 | Extraneous (특정 상황이나 주제와) 관련 없는 | Delight 큰 기쁨, 즐거움, 많은 기쁨을 주다, 아주 즐겁게 하다 | Withheld ~을/를 주지 않다, 보류하다, 억누르다 | Offer 제안하다, 권하다, 기꺼이 ~하다

『제인 에어』

"(…) So you'll do no more than say Farewell, Jane?"
"It is enough, sir: as much good—will may be conveyed in one hearty word as in many."

"(…) 제인, 정말로 안녕이라는 말 한마디면 충분하단 말이오?"
"충분합니다. 진심 어린 말 한마디에도 많은 말만큼의 좋은 뜻이 담길 수 있으니까요."

Farewell 작별 인사, 안녕히 계세요 | Good-will 친절, 친선, 호의 | Convey (생각, 감정을) 전달하다, 실어 나르다, 운반하다 | Hearty (마음이) 따뜻한, 다정한, 원기 왕성한, 쾌활한

『제인 에어』

Feeling without judgment is a washy draught indeed; but judgment untempered by feeling is too bitter and husky a morsel for human deglutition.

판단력이 없는 감정이란 그저 아무 소용 없는 물기 많은 찬바람일 뿐이지만, 감정으로 잘 조절되지 않는 판단력은 인간이 삼키기에 너무 쓰고 강한 음식 덩어리일 뿐이다.

Judgment 판단, 판정, 심사, 감정, 판단력, 분별력 | Washy 물기 많은, 묽은, 물을 탄 | Draught 찬바람 | Untempered 누그러지지 않은, 조절되지 않은 | Bitter 격렬한, 억울해하는, 맛이 쓴 | Husky 약간 쉰 듯한, 강한 | Morsel 작은 양, 작은 조각 | Deglutition 삼키기

『제인 에어』

I am not talking to you now through the medium of custom, conventionalities, nor even of mortal flesh;—it is my spirit that addresses your spirit; just as if both had passed through the grave, and we stood at God's feet, equal,—as we are!

전 관습이나 인습, 혹은 그저 죽을 육신을 매개로 드리는 말씀이 아닙니다. 당신의 영혼에 말을 건네는 것은 저의 영혼입니다. 우리 둘 다 죽어서 똑같이 무덤을 거쳐 신 앞에 동등하게 심판받듯이, 우리는 지금 동등한 두 사람입니다.

Custom 관습, 풍습, 습관 | Conventionality 인습, 관례, 전통 | Flesh 살, 고기, 피부 | Address 보내다, 연설하다, 말을 걸다, 부르다 | Grave 무덤

『제인 에어』

"I am no bird; and no net ensnares me; I am a free human being with an independent will, which I now exert to leave you."

"전 새가 아니며, 저를 옭아맬 그물도 없습니다. 저는 독립 의지를 가진 자유로운 한 인간이며, 이제 그 인간의 자유 의지로 당신을 떠나고자 합니다."

Ensnare (올가미에 걸리듯) 빠져들게 하다, 걸리게 하다 | Independent will 독립적인 의지 | Exert (권력, 영향력을) 행사하다, 가하다, 있는 힘껏 노력하다, 분투하다

『제인 에어』

The more solitary, the more friendless, the more unsustained I am, the more I will respect myself. I will keep the law given by God; sanctioned by man. I will hold to the principles received by me when I was sane, and not mad – as I am now. Laws and principles are not for the times when there is no temptation: they are for such moments as this, when body and soul rise in mutiny against their rigour; stringent are they; inviolate they shall be. If at my individual convenience I might break them, what would be their worth?

사람이라면 아무리 고독할지라도, 아무리 외로울지라도, 아무리 확신이 없을지라도 스스로를 존중해야만 해. 난 신에게 부여받고 인간이 제재하는 법을 지킬 거야. 지금처럼 미치지 않고 온전한 정신이었을 때 받아들인 원칙들을 꼭 지킬 거야. 법과 원칙은 유혹이 없을 때만 지켜야 하는 것이 아니라, 지금처럼 몸과 영혼이 제 엄격함을 거슬러 반란을 일으키는 때를 위한 것이야. 그것들은 아주 엄중하게 지키고, 어겨서는 안 돼. 내 개인적인 편리대로 원칙을 깬다면 그것들의 가치가 어떻게 되겠어?

Solitary (다른 사람 없이) 혼자 하는, 고독한 | Friendless 친구가 없는 | Unsustained 지지 (후원) 받지 못한, 확증이 없는 | Sanction 제재, 허가, 승인, 인가, 처벌하다, 제재를 가하다 | Principle 원칙, 원리, 주의, 신조 | Sane 제정신인, 정신이 온전한, 분별 있는, 온당한 | Moment 잠깐, 잠시, (특정한) 때, 시기 | Mutiny 반란, 폭동 | Rigour 철저함, 엄격함, 단호함 | Stringent 엄중함, 긴박한, 절박한 | Inviolate 존중되어 온, 존중되어야 할, 어길 수 없는 | Individual 각각의, 개인의 | Convenience 편의, 편리

『제인 에어』

『셰익스피어 4대 비극』
The Four Great Tragedies

『햄릿 The Tragedy of Hamlet, Prince of Denmark』
『리어왕 King Lear』
『오셀로 The Tragedy of Othello, the Moor of Venice』
『맥베스 The Tragedy of Macbeth』

윌리엄 셰익스피어
William Shakespeare

1564년에 태어난 영국의 극작가이자 시인으로, 영문학에서 가장 위대한 작가로 평가받고 있습니다. 사랑과 권력, 인간의 본성 등을 탐구하는 수많은 작품을 썼으며, 대표작으로는 흔히 '셰익스피어 4대 비극'이라고 불리는『햄릿』,『맥베스』,『리어왕』,『오셀로』를 비롯해『로미오와 줄리엣』,『베니스의 상인』,『한여름 밤의 꿈』등이 있습니다. 셰익스피어의 희곡은 기억에 남는 캐릭터들과 아름다운 언어로 널리 알려져 있습니다. 비록 수세기 전에 쓰인 작품들이지만, 그의 희곡들은 여전히 전 세계에서 공연되고 연구되고 있습니다.

『햄릿』

Don't speak your thought, nor let any disproportionate thought lead to action. Be friendly, but never rude. Hold on tightly to the friends you have tested: bond with them strongly. But don't waste your time on every new and inexperienced acquaintance. Listen to everyone, but speak to only a few. Accept others' criticism, but hold back your own judgment. Dress as well as your budget allows, but avoid flashy styles; be elegant, not showy. Often, a person's clothing reflects who they are. Don't borrow or lend money. Lending often results in losing both the loan and the friend, and borrowing weakens your ability to manage your resources. Above all, be true to yourself; and it will naturally follow, just as night follows day, that you cannot be false to anyone else.

생각 없이 말하지 말 것, 부적절한 생각을 행동으로 옮기지 말 것, 친절하게 남을 대하되 무례하지는 말 것. 믿을 만한 친구를 사귀었다면 절대 놓치지 말 것, 경험과 신뢰가 부족한 친구에게 시간을 낭비하지 말 것, 남의 말을 경청하고, 내 말을 많이 하지는 말 것, 타인의 비판은 수용하되 판단 없이 무조건적으로 받아들이지는 말 것, 값비싼 의복은 아니어도 맵시 있게 입되 분에 넘치게 입지는 말 것, 품위는 지켜야 하니까. 종종 옷은 그 사람의 인격을 표현한단다. 돈은 절대 빌리거나 빌려주지 말거라. 돈을 빌려주면 돈과 친구 둘 다 잃는단다. 게다가 돈을 빌리면 재정 관리 능력이 약해진다는 걸 잊지 말고. 무엇보다도 네 자신에게 진실해라. 그렇게 하면 밤이 지나고 낮이 오듯이 다른 사람에게도 진심으로 대할 수 있기 마련이란다.

Disproportionate 불균형의, 비례하지 않은 | Criticism 비판, 비평 | Budget 예산, 예산을 세우다 | Elegant 우아한, 고상한 | Manage 살아가다, 살아내다, (어떻게든) 해내다 | Resource 자원, 자산

『셰익스피어 4대 비극』

「햄릿」

To be, or not to be, that is the question: Is it nobler in the mind to endure the hardships and misfortunes of life, or to take action against a multitude of troubles and, by fighting, put an end to them? To die–to sleep, nothing more; and by sleeping, we say we end the heartache and the countless natural shocks that come with being human: it is a conclusion devoutly to be wished for. To die, to sleep. To sleep, perhaps to dream–ah, there's the catch, because in that sleep death, what dreams may come when have shed this mortal existence, must give us pause.

삶을 선택할 것인가, 죽음을 택할 것인가, 그것이 문제로다. 가혹하고 불행한 운명을 숭고하게 받아들이며 참아야 하는가, 아니면 떼로 밀려드는 재앙과 싸워 끝을 봐야 하는가. 죽는 건 그저 잠드는 것일 뿐, 그 이상도 그 이하도 아니다. 잠들면 마음속 고통과 사람이라면 있는 무수한 충격은 사라지지. 죽음이야말로 우리가 열렬히 바라는 결말이 아닌가. 그러면 또 꿈도 꾸겠지. 아, 거기에 또 문제가 있다. 깊은 죽음의 잠을 잘 때 또 다른 치명적인 존재가 나타난다면 망설일 수밖에 없을 테니까.

Hardship 고난, 어려움 | **Misfortune** 불행, 재난 | **Multitude** 다수, 무리 | **Heartache** 심적 고통, 슬픔 | **Countless** 무수한, 셀 수 없이 많은 | **Devoutly** 독실하게, 경건하게 | **Existence** 존재, 실재, 현존

『셰익스피어 4대 비극』

「햄릿」

That monstrous custom, that consumes all sense and is the source of evil habits, still has an angelic side in this: it also provides a uniform or guise for fair and good actions that can be worn well. So, refrain from acting tonight.

모든 악습에 대한 감각을 모조리 소모시키는 그 괴물 같은 습관은 천사 같은 면모도 있어서 공정하고 선하게 행동한다면, 처음엔 어색한 옷 같아도 어느새 쉽게 몸에 맞게 해 줍니다. 그러니 오늘 하룻밤은 자제해 보시지요.

Monstrous 괴물 같은, 엄청난 | Consume 소비하다, 섭취하다 | Evil 악, 사악한, 유해, 폐해 | Angelic 천사의, 천사 같은 | Refrain 삼가다, 자제하다, 자꾸 반복되는 말, 불평

『셰익스피어 4대 비극』

「햄릿」

What is a man if his main purpose and the measure of his time is just to sleep and eat? He is no better than a beast. Surely, the one who created us with such great capacity for thought, able to reflect on the past and future, did not give us that capability and godlike reason just to let it go to waste.

과연 인간이란 어떤 존재인가? 삶의 주된 목적이 그저 먹고 자며 시간을 보내는 것뿐이라면 짐승보다 하등 나을 것이 없다. 신이 인간에게 위대한 사고력과 과거와 미래를 반추하는 능력을 준 이유는, 그것을 그저 하릴없이 낭비하라는 의미는 아닐 터이다.

Purpose 목적, 의도 | **Beast** 짐승, 야수 | **Capacity** 용량, 수용력 | **Reflect** 반사하다, 반영하다, 회상하다, 심사숙고하다 | **Godlike** 신과 같은 | **Waste** 낭비하다, 헛되게 쓰다, 낭비, 허비

『셰익스피어 4대 비극』

「햄릿」

Goodness, when taken to extremes, can lose its value. We should act when we feel the urge, as our desires are always shifting. There are countless obstacles and delays, just as there are many voices, hands, and unforeseen circumstances.

어떤 일이든 극단으로 치우치면 그 가치를 잃는 법. 인간은 조금만 시간이 지나면 열의에 가득 찼던 마음도 변하기 마련이므로, 하겠다고 마음먹은 일은 즉시 실행에 옮겨야 한다. 세상에는 수많은 말과 행동, 혹은 예상치 못한 상황처럼 셀 수 없이 많은 장애물과 지연되는 이유들이 존재하기 때문이다.

Extreme 극단적인, 극도의 | Urge 강하게 권유하다, 충동 | Obstacle 장애, 장애물 | Delay 지연시키다, 연기하다 | Unforeseen 예기치 않은, 예상치 못한

『셰익스피어 4대 비극』

「리어왕」

No matter how destitute a beggar may be, there are still aspects of luxury they can enjoy. If a man can possess nothing beyond what is necessary for life, he is no different from a beast.

제아무리 궁핍한 거렁뱅이라 할지라도, 호사를 누릴 수 있는 부분은 있는 법이다. 인간이 오직 삶을 사는 데 반드시 필요한 것들 외에 아무것도 소유할 수 없다면 짐승과 다를 것이 무엇이겠는가.

Destitute 궁핍한, 결핍된 | Beggar 거지 | Aspect 측면, 면 | Luxury 사치(품), 호사, 호화로움 | Possess 소유하다, 가지다 | Be different from ~와/과 다르다

『셰익스피어 4대 비극』

『오셀로』

To grieve over a misfortune that is already past only invites new troubles the next day. What cannot be saved when fortune takes it, patience turns into a mockery of injury. The robbed person who smiles takes something away from the thief; he who indulges in pointless sorrow only robs himself.

이미 지나가 버린 불행에만 빠져 있으면 새로운 불행들이 계속 찾아와 끝도 없는 법이오. 운명이 불행과 시련을 줘도 인내심을 갖고 무력감과 상처를 이겨 낸다면, 그것이 나를 구하는 길이라오. 도둑을 맞았어도 낙관적으로 생각할 수 있어야 하오. 마냥 끝없는 슬픔에 빠져 있으면 결국 잃게 되는 건 자기 자신이 될 것이오.

Grieve 슬퍼하다, 애도하다 | Patience 인내, 참을성 | Mockery 조롱, 조소, 엉터리 | Injury 부상, 상해 | Indulge 빠지다, 탐닉하다 | Pointless 무의미한, 쓸모없는

『셰익스피어 4대 비극』

『오셀로』

Poor and content is rich, and rich enough; But riches fineless is as poor as winter. To him that ever fears he shall be poor. Good heaven, the souls of all my tribe defend from jealousy!

빈곤하지만 만족하고 사는 이는 어떤 부자도 부러워하지 않지만, 대단한 부자라도 곤궁에 처하지 않을까 늘 두려워하는 사람은 마음이 겨울처럼 춥기 마련이다. 하늘이시여, 제발 우리 식솔들의 모든 영혼을 질투로부터 지켜 주소서!

Content 내용, 만족한 | **Fineless** 부의 한계가 없는 | **Defend** 방어하다, 변호하다 | **Jealousy** 질투, 시기

『셰익스피어 4대 비극』

『맥베스』

New honors come to him, like our unusual clothes that do not fit our shape. But with practice, they will. Whatever happens, time and the hour will pass, even through the toughest days.

새로 입은 옷이 몸에 익숙해지려면 시간이 걸리듯이, 새로운 명예를 얻었으니 그럴 만도 하겠지. 하지만 시간이 지나면 익숙해질 거야. 어떤 일이 발생하든 시간과 때는 지나가기 마련이니까. 비록 힘든 시련을 겪을 수도 있겠지만.

Unusual 비범한, 드문 | Whatever happens 무슨 일이 있어도, 어떤 일이 발생하든 | Toughest 가장 힘든, 가장 강한

『셰익스피어 4대 비극』

『맥베스』

And we do not truly know ourselves; when we listen to rumors born from our fears, yet we do not understand what we fear. We drift upon a wild and turbulent sea, swaying in every direction—I take my leave of you now. It won't be long before I return. Things at their worst will either come to an end or rise again to what they once were.

우리는 진실로 우리 스스로를 믿지 않지요. 우리가 공포에서 비롯된 풍문을 믿을 때, 우리는 공포가 무엇인지 정확하게 이해하지 못합니다. 우리가 거칠고 혼란스러운 바다를 표류하며 사방으로 흔들리는 것처럼요. 이제 그만 물러가겠습니다. 곧 다시 찾아뵙지요. 최악의 상황이라고 해도 결국 끝은 있는 법이고, 다시 예전의 평온했던 때로 돌아갈 수 있을 것입니다.

Rumor 소문, 평판, 풍문, 유언비어 | Drift 이동, 추이 | Turbulent 혼란스러운, 격동의 | Sway 흔들리다, 영향을 미치다 | It won't be long 곧 ~할 것이다, 오래 걸리지 않을 것이다

『셰익스피어 4대 비극』

『인간의 대지』

Wind, Sand and Stars / Terre des Hommes

앙투안 드 생텍쥐페리
Antoine de Saint-Exupéry

1900년에 태어난 프랑스의 작가이자 비행사입니다. 사랑과 우정, 인간 존재의 의미를 깊이 탐구하는 『어린 왕자』로 세계적인 작가의 반열에 올랐습니다. 생텍쥐페리는 항공사에서 일하면서 경험한 비행의 모험과 고독을 글로 담아냈습니다. 그의 작품은 종종 상징적이고 철학적인 내용을 지니고 있어 어린이와 어른 모두에게 큰 감동을 줍니다. 비록 비극적인 사고로 세상을 떠났지만, 그의 글은 여전히 전 세계의 많은 이들에게 영감을 주고 있습니다.

"You'll be bothered from time to time by storms, fog, snow. When you are, think of those who went through it before you, and say to yourself, 'What they could do, I can do.'"

"가끔 폭풍이나 안개, 눈 같은 것들이 앞길을 방해할 때도 있을 거야. 그럴 때는 앞선 조종사들이 그런 상황을 겪어 냈다는 사실을 기억해 보게. 그리고 스스로에게 말하는 거야. '그들이 해냈다면 나도 할 수 있어'라고."

Bother 귀찮게 하다, 신경 쓰다 | From time to time 때때로, 가끔 | Storm 폭풍, 폭풍우

『인간의 대지』

The squall has ceased to be a cause of my complaint. The magic of the craft has opened for me a world in which I shall confront, within two hours, the black dragons and the crowned crests of a coma of blue lightnings, and when night has fallen I, delivered, shall read my course in the stars.

폭풍우가 몰아친다고 해도 내가 불평할 이유는 되지 않는다. 난 두 시간 이내에 마법과도 같은 세상에서 흑룡과 푸른 번개가 있는 산마루를 넘을 것이다. 그리고 밤이 찾아오면 마침내 해방되어 반짝이는 별들 사이로 나만의 항로를 향해 나아갈 것이다.

Squall 돌풍, 급작스러운 폭풍 | Cease 중단하다, 그치다 | Complaint 불만, 불평 | Confront 직면하다, 대면하다 | Crest 산마루, 물마루, 꼭대기에 이르다 | Lightning 번개

『인간의 대지』

The joy of living, I say, was summed up for me in the remembered sensation of that first burning and aromatic swallow, that mixture of milk and coffee and bread by which men hold communion with tranquil pastures, exotic plantations, and golden harvests, communion with the earth.

나에게 있어 삶의 기쁨이란 강렬하고도 향기로운 첫 모금이 주는, 우유와 커피와 빵의 혼합물 속에 압축되어 있다. 이를 통해 평온한 초원이나 이국적인 농장, 풍요로운 수확물과 일체감을 느끼고 땅과 교감하면서 사는 것이다.

Sum up 요약하다, 정리하다 | Sensation 감각, 느낌 | Swallow 삼키다, 삼킴, 제비 | Mixture 혼합물, 혼합 | Communion 교감 | Tranquil 평온한, 고요한 | Pasture 초원, 목초지, 생활 환경 | Exotic 외국의, 이국적인 | Plantation (열대 지방의) 대규모 농장, 조림지

『인간의 대지』

I could tell by different signs that the end was coming. For instance, I had to stop every two or three hours to cut my shoes open a bit more and massage my swollen feet. Or maybe my heart would be going too fast. But I was beginning to lose my memory. I had been going on a long time when suddenly I realized that every time I stopped I forgot something. The first time it was a glove. And it was cold! I had put it down in front of me and had forgotten to pick it up. The next time it was my watch. Then my knife. Then my compass. Each time I stopped I stripped myself of something vitally important. I was becoming my own enemy! And I can't tell you how it hurt me when I found that out. What saves a man is to take a step. Then another step. It is always the same step, but you have to take it.

내 삶에 끝이 다가오고 있다는 걸 알려 주는 징후들이 많았어. 예를 들면 난 두세 시간에 한 번씩은 신발을 조금 잘라서 벌린 후에 부풀어 오른 발을 문질러야 했어. 아니면 내 심장이 빠르게 뛰기도 했지. 그리고 점점 기억이 희미해지기 시작했다네. 한참 시간이 흐른 뒤에 문득 내가 매번 뭔가를 깜빡했다는 사실이 기억났어. 처음엔 장갑 한 짝이었지. 그렇게 추위가 심했는데 말이야. 장갑을 벗어서 잠깐 두었다가 그대로 두고 길을 떠나 버린 거야. 그다음엔 시계였고, 다음은 주머니칼, 그리고 나선 나침반을 잃어버렸어. 매번 멈출 때 마다 아주 중요한 무언가를 벗어 던졌지. 내가 나 자신과 고군분투하고 있었던 거야. 그 사실을 알았을 때 마음이 아팠어. 인간을 구원하는 것은 앞으로 한 걸음 내딛는 거야. 그리고 또 한 걸음을 내딛는 것이지. 언제나 똑같은 걸음으로 다시 시작하는 것, 그걸 해내야 하는 거야.

Massage 안마하다, 문지르다 | **Swollen** 부풀어 오른, 팽창한 | **Vitally** 극히 중요하게, 생명적으로 | **Enemy** 적, 적대자

『인간의 대지』

To be a man is, precisely, to be responsible. It is to feel shame at the sight of what seems to be unmerited misery. It is to take pride in a victory won by one's comrades. It is to feel, when setting one's stone, that one is contributing to the building of the world.

인간이 된다는 것은, 정확히 말하면 책임감 있는 사람이 되는 것이다. 정당한 이유 없이 고통 받는 모습을 보고 부끄러움을 느끼는 것이다. 동료들이 이룬 승리를 함께 자랑스러워하는 것이다. 자신의 돌을 하나 가져다 놓으면서 세상을 이룩하는 데 기여함을 느끼는 것이다.

Responsible 책임이 있는, 책임감 있는 | Unmerited 받을 자격이 없는, 부당한 | Comrade 동지, 동료 | Contribute 기여하다, 공헌하다

『인간의 대지』

"Here we are, condemned to death," I said to myself. "and still certainty of dying cannot compare with the pleasure I am feeling. The joy I take from this half of an orange which I am holding in my hand is one of the greatest joys I have ever known."

I lay flat on my back, sucking my orange and counting the shooting stars. Here I was, for one minute infinitely happy. "Nobody can know anything of the world in which the individual moves and has his being," I reflected. "There is no gussing it. Only the man locked up in it can know what it is."

"우리가 지금 사형 선고를 받은 것이나 다름없지만, 그렇다고 해서 죽음이 내가 삶에 대해 느끼는 기쁨을 없애지는 못하지. 내 손에 쥐고 있는 이 오렌지 반쪽은 지금까지의 인생을 통틀어 내게 가장 큰 기쁨을 주고 있어." 이렇게 혼잣말을 해 본다.

난 등을 대고 누운 채 오렌지를 빨아먹으며 별똥별을 세어 보고 있다. 여기, 지금 이 순간, 무한한 행복을 느낀다. "그 누구도 각각의 개인이 살아가고 존재하는 세계를 경험해 보지 않고서는 온전히 알 수 없어." 다시 돌이켜 생각해 본다. "그게 무엇인지 정녕 알 수 없는 법이지. 그 세계에 직접 갇혀 본 사람이 아니라면 말이야."

Condemned to death 사형 선고를 받은 | Compare 비교하다 | Infinitely 대단히, 무한히, 한없이

『인간의 대지』

I am not talking about living dangerously. Such words are meaningless to me. The toreador does not stir me to enthusiasm. It is not danger I love. I know what I love. It is life.

난 위험한 삶을 살라고 이야기하는 것이 아니다. 그런 말들은 아무 의미도 없이 우쭐대는 것에 불과하다. 투우사가 하는 일은 나에게 열정을 불러일으키지 않는다. 그건 내가 사랑하는 종류의 위험이 아니다. 난 내가 사랑하는 것이 무엇인지 안다. 그건 바로 삶이다.

Dangerously 위험하게, 위태롭게 | Toreador 투우사 | Enthusiasm 열정, 열의

『인간의 대지』

No man can draw a free breath who does not share with other men a common and disinterested ideal. Life has taught us that love does not consist in gazing at each other but in looking outward together in the same direction.

다른 이들과 공동의 목표를 가지고 이기심 없는 이상을 공유할 때, 인간은 비로소 자유롭게 숨을 쉴 수 있다. 사랑은 서로를 바라보는 것이 아니라 같은 방향을 바라보는 것임을 삶이 우리에게 알려 주었다.

Free breath 자유로운 호흡 | Common 공통의, 일반적인 | Disinterested ideal 이기심 없는 이상 | Gaze at 응시하다 | Outward 외부의, 바깥쪽의

『인간의 대지』

Truth, for any man, is that which makes him a man. (…)
If our purpose is to understand mankind and its yearnings, to grasp the essential reality of mankind, we must never set one man's truth against another's.

인간에게 있어서 진실이란, 바로 그 자신을 사람으로 만들어 주는 것이다. (…)
만약 우리의 목적이 인간 자체를 이해하고, 인간의 갈망을 이해하고, 인간 본질에 다가가기 위한 것이라면 절대 진실의 증거들을 대립시켜서는 안 된다.

Mankind 인류 | **Yearning** 갈망, 동경 | **Essential** 필수적인, 본질적인

『인간의 대지』

It is only when we become conscious of our part in life, however modest, that we shall be happy. Only then will we be able to live in peace and die in peace, for only this lends meaning to life and to death.

우리는 자신의 역할을 자각할 때, 아무리 그 역할이 작고 사소한 것일지라도 행복을 느낄 수 있다. 오직 그런 때에만 우리는 평화 속에서 살다가 평화롭게 죽음을 맞이할 수 있을 것이다. 삶에 의미를 부여하는 것은 죽음에도 의미를 주기 때문이다.

Conscious 의식하는, 자각하는 | Modest 겸손한, 수수한 | Lend 빌려주다, 어떤 의미를 부여하다

『인간의 대지』

마무리하며

고전 문학 속에서 스며드는 하루하루. 그 문장들을 따라 걷는 시간은, 잊고 지냈던 마음속 풍경을 다시 발견하는 여정과 같습니다. 펜 끝으로 한 글자씩 새겨 넣을 때마다, 고전의 지혜는 당신의 삶에 깊은 울림을 남기고, 평범한 일상을 특별한 순간으로 채워줄 것입니다. 고전 필사를 통해 당신의 모든 날이 더욱 아름답고 소중하게 빛나기를 바랍니다. 자, 오늘부터 당신만의 고전 필사 여행을 시작해 보세요.

고전 문학 속에서 '쓰며드는' 매일을 사는 삶.

일상이 아름다워지는
일상이 풍요로워지는
일상이 소중해지는
영어 고전 필사.
오늘도 필사하세요.

필사를 마치며

수록 작품

Jane Austen, *Pride and Prejudice*, Puffin Books, 2024.

F.Scott Fitzgerald, *The Great Gatsby*, 더클래식, 2012.

Nikos Kazantzakis, *Zorba The Greek*, translated by Peter Bien, SIMON & SCHUSTER PAPERBACKS, 2014.

Hermann Hesse, *Demian*, Luke Publishing Company, 2021.

Ernest Hemingway, *The Old Man and The Sea*, Scribner Book Company, 1995.

Louisa May Alcott, *Little Women*, 유페이퍼, 2018.

Charles Dickens, *A Christmas Carol*, 유페이퍼, 2018.

Charlotte Brontë, *Jane Eyre*, 유페이퍼, 2018.

William Shakespeare, *Hamlet; Othello; King Lear; Macbeth*, 유페이퍼, 2018.

Antoine de Saint-Exupéry, *Wind, Sand and Stars*, translated by Lewis Galantière, Mariner Books Classics, 2002.

읽고 싶어진 고전 작품들

용윤아 읽고 쓰고 질문하는 사람

고전의 깊이를 사랑하고 긍정의 힘을 믿는 낙천주의자. 매일 좋은 문장을 필사하며 삶의 지혜를 얻는 문장 애호가이다. 영어교육학을 전공하고 오랫동안 학생들과 함께하며, 현재 영어 공부방을 운영하고 있다. 한국인문교육협회 소속 인문고전 독서지도사이자 고등학교 토론·글쓰기 강사로 활동하며 청소년들의 인문학적 성장을 돕고 있다. 슬초브런치 작가협회 소속 브런치 작가로도 활동 중이며, 책과 실천의 힘을 믿는 사람으로서 세상에 고전의 아름다운 명문장을 널리 알리고자 한다.

read_ask@naver.com
https://blog.naver.com/owlenglish
@read_ask_yoona

하루 한 장 일상이 빛이 되는
영어 고전 필사 노트

1판 1쇄 인쇄 | 2025년 6월 20일
1판 1쇄 발행 | 2025년 7월 10일

지은이 | 용윤아
펴낸이 | 최태선
펴낸곳 | ㈜솜씨컴퍼니
브랜드 | 솜씨

등록 | 제2015-000025호
주소 | 14056 경기도 안양시 동안구 벌말로 123 A-2106호
전화 | 070-8633-1268
팩스 | 02-6442-4364
이메일 | love@somssi.me
제작 | 영신사
용지
표지 | 아라벨 울/화 128g
본문 | 백상지 100g

ⓒ솜씨컴퍼니, 2025
ISBN 979-11-86745-89-2   13740

- 값은 뒤표지에 있습니다.
- 잘못된 책은 구입하신 서점에서 교환해 드립니다.